劳动与
社会保障法

大字学习版

中国法制出版社
CHINA LEGAL PUBLISHING HOUSE

编辑说明

全民普法是全面依法治国的长期基础性工作。为方便广大读者学习法律法规，中国法制出版社全新编写了“法律法规大字学习版”丛书。在确保法律文本准确的基础上，对法条内容进行了必要的编辑加工，体例新颖，内容翔实，以帮助广大读者学习法律法规，真正让法律走到读者身边、走进读者心里。

本丛书的特点如下：

1. 大字醒目。正文法条内容通过双色印刷、大字号、宽行距等精心设计，版式舒朗，阅读顺畅，致力于为读者带来更佳的阅读体验。

2. 双色标注。对法条以双色、星级及波浪线等形式标注，既能有效消除读者对复杂、烦琐法条的畏难心理，又能帮助读者迅速把握法律法规的脉络。

3. 关联注释。在法条下方标注【相关法条】，方便读者查找翻阅关联内容，举一反三，融会贯通；同时对不易理解的法条，通过【注释】【生活小案例】【典型案例】【小测试】等版块设计，从立法背景、内容要义、实践应用等多维度帮助读者理解法条，力求帮助读者学懂弄通会用。

4. 实用图表。立足读者实际需求，以图表形式对所收录的法律法规重点内容进行总结提炼，贴近生活，通俗易懂，帮助读者更加直观地理解核心条款。

5. 电子增补。为了帮助读者随时掌握法律法规的最新动态，本丛书将适时进行电子增补，请读者登录中国法制出版社网站 http：//www. zgfzs. com “资源下载”频道或者关注我社官方微信公众号“中国法制出版社”免费下载。

中国法制出版社

凡　例

简　称	全　称
反不正当竞争法	中华人民共和国反不正当竞争法
劳动合同法	中华人民共和国劳动合同法
劳动争议调解仲裁法	中华人民共和国劳动争议调解仲裁法
社会保险法	中华人民共和国社会保险法
未成年人保护法	中华人民共和国未成年人保护法
宪法	中华人民共和国宪法
劳动合同法实施条例	中华人民共和国劳动合同法实施条例
劳动争议案件问题解释（一）	最高人民法院关于审理劳动争议案件适用法律问题的解释（一）

目　录

中华人民共和国劳动法

（1994年7月5日第八届全国人民代表大会常务委员会第八次会议通过　根据2009年8月27日第十一届全国人民代表大会常务委员会第十次会议《关于修改部分法律的决定》第一次修正　根据2018年12月29日第十三届全国人民代表大会常务委员会第七次会议《关于修改〈中华人民共和国劳动法〉等七部法律的决定》第二次修正）

第一章　总　　则

第一条　【立法宗旨】① 为了保护劳动者的合法权益，调整劳动关系，建立和维护适应社会主义市场经济的劳动制度，促进经济发展和社会进步，根据宪法，制定本法。

★★ **第二条　【适用范围】** 在中华人民共和国境内的

① 本书条文主旨为编者所加，下同。

企业、个体经济组织（以下统称用人单位）和与之形成劳动关系的劳动者，适用本法。

国家机关、事业组织、社会团体和与之建立劳动合同关系的劳动者，依照本法执行。

★★ **第三条 【劳动者的权利和义务】** 劳动者享有平等就业和选择职业的权利、取得劳动报酬的权利、休息休假的权利、获得劳动安全卫生保护的权利、接受职业技能培训的权利、享受社会保险和福利的权利、提请劳动争议处理的权利以及法律规定的其他劳动权利。

劳动者应当完成劳动任务，提高职业技能，执行劳动安全卫生规程，遵守劳动纪律和职业道德。

注释

法律规定的其他劳动权利包括：依法参加和组织工会的权利，依法享有参与民主管理的权利，劳动者依法享有参加社会义务劳动的权利，从事科学研究、技术革新、发明创造的权利，依法解除劳动合同的权利，对用人单位管理人员违章指挥、强令冒险作业有拒绝执行的权利，对危害生命安全和身体健康的行为有权提出批评、举报和控告的权利，对违反劳动法的行为进行监督的权利等。

★★★ **第四条　【用人单位规章制度】**用人单位应当依法建立和完善规章制度，保障劳动者享有劳动权利和履行劳动义务。

注　释

用人单位在制定、修改或者决定直接涉及劳动者切身利益的劳动报酬、工作时间、休息休假、劳动安全卫生、保险福利、职工培训、劳动纪律以及劳动定额管理等规章制度或者重大事项时，应当经职工代表大会或者全体职工讨论，提出方案和意见，与工会或者职工代表平等协商确定。在规章制度实施过程中，工会或者职工认为用人单位的规章制度不适当的，有权向用人单位提出，通过协商作出修改完善。

★★ **第五条　【国家发展劳动事业】**国家采取各种措施，促进劳动就业，发展职业教育，制定劳动标准，调节社会收入，完善社会保险，协调劳动关系，逐步提高劳动者的生活水平。

第六条　【国家的倡导、鼓励和奖励政策】国家提倡劳动者参加社会义务劳动，开展劳动竞赛和合理化建议活动，鼓励和保护劳动者进行科学研究、技术革新和发明创造，表彰和奖励劳动模范和先进工作者。

注释

可以对劳动者进行奖励的情形，通常来说，主要有以下几种：(1) 在完成生产任务或者工作任务、提高产品质量或者服务质量、节约国家资源等方面，作出显著成绩的；(2) 在生产、科学研究、工艺设计、产品设计、改善劳动条件等方面，有发明、技术改进或者提出合理化建议，取得重大成果或者显著成绩的；(3) 在改进企业经营管理、提高经济效益方面作出显著成绩，对国家贡献较大的；(4) 保护公共财产，防止或者挽救事故有功，使国家和人民利益免受重大损失的；(5) 同坏人、坏事做斗争，对维持正常的生产秩序和工作秩序、维持社会治安，有显著功绩的；(6) 维护财经纪律、抵制歪风邪气，事迹突出的；(7) 一贯忠于职守，积极负责，廉洁奉公，舍己为人，事迹突出的；(8) 其他应当给予奖励的。

★★ **第七条　【工会的组织和权利】**劳动者有权依法参加和组织工会。

工会代表和维护劳动者的合法权益，依法独立自主地开展活动。

第八条　【劳动者参与民主管理和平等协商】劳动者依照法律规定，通过职工大会、职工代表大会或者其他形式，参与民主管理或者就保护劳动者合法权益与用人单位进行平等协商。

第九条　【劳动行政部门设置】 国务院劳动行政部门主管全国劳动工作。

县级以上地方人民政府劳动行政部门主管本行政区域内的劳动工作。

第二章　促进就业

★★ **第十条　【国家促进就业政策】** 国家通过促进经济和社会发展，创造就业条件，扩大就业机会。

国家鼓励企业、事业组织、社会团体在法律、行政法规规定的范围内兴办产业或者拓展经营，增加就业。

国家支持劳动者自愿组织起来就业和从事个体经营实现就业。

★ **第十一条　【地方政府促进就业措施】** 地方各级人民政府应当采取措施，发展多种类型的职业介绍机构，提供就业服务。

注释

“就业服务”主要包括：(1) 为劳动力供求双方相互选择，实现就业而提供的各类职业介绍服务；(2) 为提高劳动者职业技术和就业能力的多层次、多形式的就业训练和转业训练服务；(3) 为保障失业者基本生活和帮助其再就业的失业保险服务；(4) 组织劳动者开展生产自救和创业的劳动就业服务企业。

☆☆ **第十二条　【就业平等原则】** 劳动者就业，不因民族、种族、性别、宗教信仰不同而受歧视。

注释

就业平等权，包括三层含义：一是任何公民都平等地享有就业的权利和资格，不因民族、种族、性别、年龄、文化、宗教信仰、经济能力而受到限制；二是在应聘某一职位时，任何公民都应平等地参与竞争，任何人不得享有特权，也不应受到歧视；三是平等不等于同等，平等是指对于符合要求、符合特殊职位条件的人，应给予平等的机会，而不是不论条件如何都同等对待。

☆☆ **第十三条　【妇女享有与男子平等的就业权利】** 妇女享有与男子平等的就业权利。在录用职工时，除国家规定的不适合妇女的工种或者岗位外，不得以性别为由拒绝录用妇女或者提高对妇女的录用标准。

注释

"平等的就业权利"是指劳动者的就业地位、就业机会和就业条件平等。"国家规定的不适合妇女的工种或者岗位"具体规定在国务院颁布的《女职工劳动保护特别规定》中。

第十四条　【特殊就业群体的就业保护】残疾人、少数民族人员、退出现役的军人的就业，法律、法规有特别规定的，从其规定。

★★★ **第十五条　【使用童工的禁止】**禁止用人单位招用未满十六周岁的未成年人。

文艺、体育和特种工艺单位招用未满十六周岁的未成年人，必须遵守国家有关规定，并保障其接受义务教育的权利。

注释

县级以上各级人民政府劳动保障行政部门负责本规定执行情况的监督检查。县级以上各级人民政府公安、市场监督管理、教育、卫生等行政部门在各自职责范围内对本规定的执行情况进行监督检查，并对劳动保障行政部门的监督检查给予配合。工会、共青团、妇联等群众组织应当依法维护未成年人的合法权益。任何单位或者个人发现使用童工的，均有权向县级以上人民政府劳动保障行政部门举报。

生活小案例

李某系未满16周岁的在校学生。2020年李某与同学在网上参加兼职报名，并与某快递公司内部人员沟通后被接纳到该公司兼职。某日在该快递公司院内，车辆在卸货过程中突然启动行驶，车内卸货人员李某从货车上摔下。随后，李某被送往医院住院治疗，诊断为左肱骨远端粉碎性骨折。

法院认为，李某直接与某快递公司沟通后被其安排在公司院内卸货，为该公司提供劳务。从以上情形可见，李某系被某快递公司直接招录和聘用。另外李某与某快递公司均未提交证据证实李某是劳务派遣人员。因此，李某向某快递公司主张权利，法院予以支持。

《劳动法》第15条第1款规定，禁止用人单位招用未满16周岁的未成年人。行为人因过错侵害他人民事权益，应当承担侵权责任。李某在某快递公司兼职时未满16周岁，属于未成年人。某快递公司违反上述规定，非法招用未成年人，并且在工作过程中安全防范措施不强，致使未成年人受伤致残，存在严重过错，侵犯了李某的健康权，应当承担相应的民事责任。综上，法院判决某快递公司赔偿原告李某医疗费等共计153617.22元。

☞ 相关法条

本法第58条第2款

《未成年人保护法》第61条

第三章　劳动合同和集体合同

第十六条　【劳动合同的概念】劳动合同是劳动者与用人单位确立劳动关系、明确双方权利和义务的协议。

建立劳动关系应当订立劳动合同。

★ **第十七条　【订立和变更劳动合同的原则】**订立和变更劳动合同，应当遵循平等自愿、协商一致的原则，不得违反法律、行政法规的规定。

劳动合同依法订立即具有法律约束力，当事人必须履行劳动合同规定的义务。

☞ **相关法条**

《劳动合同法》第3条

★★★ **第十八条　【无效劳动合同】**下列劳动合同无效：

（一）违反法律、行政法规的劳动合同；

（二）采取欺诈、威胁等手段订立的劳动合同。

无效的劳动合同，从订立的时候起，就没有法律约束力。确认劳动合同部分无效的，如果不影响其余部分的效力，其余部分仍然有效。

劳动合同的无效，由劳动争议仲裁委员会或者人民法院确认。

☞ **相关法条**

《劳动合同法》第26条

★ **第十九条 【劳动合同的形式和内容】** 劳动合同应当以书面形式订立，并具备以下条款：

（一）劳动合同期限；

（二）工作内容；

（三）劳动保护和劳动条件；

（四）劳动报酬；

（五）劳动纪律；

（六）劳动合同终止的条件；

（七）违反劳动合同的责任。

劳动合同除前款规定的必备条款外，当事人可以协商约定其他内容。

注释

《劳动合同法》第17条规定，劳动合同应当具备以下条款：（1）用人单位的名称、住所和法定代表人或者主要负责人；（2）劳动者的姓名、住址和居民身份证或者其他有效身份证件号码；（3）劳动合同期限；（4）工作内容和工作地点；（5）工作时间和休息休假；（6）劳动报酬；（7）社会保险；(8) 劳动保护、劳动条件和职业危害防护；(9) 法律、法规规定应当纳入劳动合同的其他事项。

☞ 相关法条

《劳动合同法》第10、17、82条

《劳动合同法实施条例》第5~7条

★★ 第二十条 【劳动合同的期限】 劳动合同的期限分为有固定期限、无固定期限和以完成一定的工作为期限。

劳动者在同一用人单位连续工作满十年以上，当事人双方同意续延劳动合同的，如果劳动者提出订立无固定期限的劳动合同，应当订立无固定期限的劳动合同。

注释

第2款规定的“十年以上”是指劳动者与同一用人单位签订的劳动合同的期限不间断达到10年。在两个或者两个以上用人单位工作满10年以上，劳动者无权要求订立无固定期限的劳动合同。劳动者患病或非因工负伤，依法享有医疗期，在计算“同一用人单位连续工作时间”时，应把劳动者依法享有的医疗期时间计算在内。

☞ **相关法条**

《劳动合同法》第 12、14 条

☆☆ **第二十一条　【劳动合同的试用期条款】** 劳动合同可以约定试用期。试用期最长不得超过六个月。

注释

劳动合同期限 3 个月以上不满 1 年的，试用期不得超过 1 个月；劳动合同期限 1 年以上不满 3 年的，试用期不得超过 2 个月；3 年以上固定期限和无固定期限的劳动合同，试用期不得超过 6 个月。同一用人单位与同一劳动者只能约定一次试用期。以完成一定工作任务为期限的劳动合同或者劳动合同期限不满 3 个月的，不得约定试用期。试用期包含在劳动合同期限内。劳动合同仅约定试用期的，试用期不成立，该期限为劳动合同期限。

☞ **相关法条**

《劳动合同法》第 19 条

☆ **第二十二条　【劳动合同中保守商业秘密之约定】** 劳动合同当事人可以在劳动合同中约定保守用人单位商业秘密的有关事项。

☞ **相关法条**

《劳动合同法》第 23 条

《反不正当竞争法》第 10 条

本法第 102 条

★★ **第二十三条 【劳动合同的终止】** 劳动合同期满或者当事人约定的劳动合同终止条件出现，劳动合同即行终止。

注释

有下列情形之一的，劳动合同终止：(1) 劳动合同期满的；(2) 劳动者开始依法享受基本养老保险待遇的；(3) 劳动者死亡，或者被人民法院宣告死亡或者宣告失踪的；(4) 用人单位被依法宣告破产的；(5) 用人单位被吊销营业执照、责令关闭、撤销或者用人单位决定提前解散的；(6) 法律、行政法规规定的其他情形。

★ **第二十四条 【劳动合同的合意解除】** 经劳动合同当事人协商一致，劳动合同可以解除。

☞ **相关法条**

《劳动合同法》第 36 条

★★ **第二十五条 【过失性辞退】** 劳动者有下列情形之一的，用人单位可以解除劳动合同：

（一）在试用期间被证明不符合录用条件的；

（二）严重违反劳动纪律或者用人单位规章制度的；

（三）严重失职，营私舞弊，对用人单位利益造成重大损害的；

（四）被依法追究刑事责任的。

☞ **相关法条**

《劳动合同法》第39条

《劳动合同法实施条例》第19条

☆☆ **第二十六条　【非过失性辞退】** 有下列情形之一的，用人单位可以解除劳动合同，但是应当提前三十日以书面形式通知劳动者本人：

（一）劳动者患病或者非因工负伤，医疗期满后，不能从事原工作也不能从事由用人单位另行安排的工作的；

（二）劳动者不能胜任工作，经过培训或者调整工作岗位，仍不能胜任工作的；

（三）劳动合同订立时所依据的客观情况发生重大变化，致使原劳动合同无法履行，经当事人协商不能就变更劳动合同达成协议的。

注释

本条第（2）项中的“不能胜任工作”，是指不能按要求完成劳动合同中约定的任务或者同工种，同岗位人员的工作量。用人单位不得故意提高定额标准，使劳动者无法完成。

本条中的“客观情况”，是指发生不可抗力或出现致使劳动合同全部或部分条款无法履行的其他情况，如企业迁移、被兼并、企业资产转移等，并且排除本法第27条所列的客观情况。

☞ 相关法条

《劳动合同法》第40条

《劳动合同法实施条例》第19条

☆☆ 第二十七条 【用人单位经济性裁员】 用人单位濒临破产进行法定整顿期间或者生产经营状况发生严重困难，确需裁减人员的，应当提前三十日向工会或者全体职工说明情况，听取工会或者职工的意见，经向劳动行政部门报告后，可以裁减人员。

用人单位依据本条规定裁减人员，在六个月内录用人员的，应当优先录用被裁减的人员。

注释

《企业经济性裁减人员规定》第5条规定：“用人单位不得裁减下列人员：（一）患职业病或者因工负伤并被确认丧失或者部分丧失劳动能力的；（二）患病或者负伤，在规定的医疗期内的；（三）女职工在孕期、产期、哺乳期内的；（四）法律、行政法规规定的其他情形。”

《劳动合同法》第 41 条第 2 款规定：“裁减人员时，应当优先留用下列人员：（一）与本单位订立较长期限的固定期限劳动合同的；（二）与本单位订立无固定期限劳动合同的；（三）家庭无其他就业人员，有需要扶养的老人或者未成年人的。”

☞ **相关法条**

《劳动合同法》第 41 条

★★ **第二十八条　【用人单位解除劳动合同的经济补偿】** 用人单位依据本法第二十四条、第二十六条、第二十七条的规定解除劳动合同的，应当依照国家有关规定给予经济补偿。

☞ **相关法条**

《劳动合同法》第 46、47 条

《劳动合同法实施条例》第 27 条

★★★ **第二十九条　【用人单位不得解除劳动合同的情形】** 劳动者有下列情形之一的，用人单位不得依据本法第二十六条、第二十七条的规定解除劳动合同：

（一）患职业病或者因工负伤并被确认丧失或者部分丧失劳动能力的；

（二）患病或者负伤，在规定的医疗期内的；

（三）女职工在孕期、产期、哺乳期内的；

（四）法律、行政法规规定的其他情形。

☞ **相关法条**

《劳动合同法》第 42 条

★★ **第三十条　【工会对用人单位解除劳动合同的监督权】**用人单位解除劳动合同，工会认为不适当的，有权提出意见。如果用人单位违反法律、法规或者劳动合同，工会有权要求重新处理；劳动者申请仲裁或者提起诉讼的，工会应当依法给予支持和帮助。

☞ **相关法条**

《劳动合同法》第 43 条

★★★ **第三十一条　【劳动者单方解除劳动合同】**劳动者解除劳动合同，应当提前三十日以书面形式通知用人单位。

☞ **相关法条**

《劳动合同法》第 37 条

★★★★ **第三十二条　【劳动者无条件解除劳动合同的情形】**　有下列情形之一的，劳动者可以随时通知用人单位解除劳动合同：

（一）在试用期内的；

（二）用人单位以暴力、威胁或者非法限制人身自由的手段强迫劳动的；

（三）用人单位未按照劳动合同约定支付劳动报酬或者提供劳动条件的。

☞ **相关法条**

《劳动合同法》第 38 条

★★ **第三十三条　【集体合同的内容和签订程序】** 企业职工一方与企业可以就劳动报酬、工作时间、休息休假、劳动安全卫生、保险福利等事项，签订集体合同。集体合同草案应当提交职工代表大会或者全体职工讨论通过。

集体合同由工会代表职工与企业签订；没有建立工会的企业，由职工推举的代表与企业签订。

注 释

《集体合同规定》第 36 条规定："经双方协商代表协商一致的集体合同草案或专项集体合同草案应当提交职工代表大会或者全体职工讨论。职工代表大会或者全体职工讨论集体合同草案或专项集体合同草案，应当有三分之二以上职工代表或者职工出席，且须经全体职工代表半数以上或者全体职工半数以上同意，集体合同草案或专项集体合同草案方获通过。"

《集体合同规定》第37条规定：“集体合同草案或专项集体合同草案经职工代表大会或者职工大会通过后，由集体协商双方首席代表签字。”

☞ **相关法条**

《劳动合同法》第51条

☆☆☆ **第三十四条 【集体合同的审查】** 集体合同签订后应当报送劳动行政部门；劳动行政部门自收到集体合同文本之日起十五日内未提出异议的，集体合同即行生效。

注释

集体合同或专项集体合同签订或变更后，应当自双方首席代表签字之日起10日内，由用人单位一方将文本一式三份报送劳动保障行政部门审查。

《集体合同规定》第44条规定：“劳动保障行政部门应当对报送的集体合同或专项集体合同的下列事项进行合法性审查：（一）集体协商双方的主体资格是否符合法律、法规和规章规定；（二）集体协商程序是否违反法律、法规、规章规定；（三）集体合同或专项集体合同内容是否与国家规定相抵触。”

☞ **相关法条**

《劳动合同法》第54条

★★ **第三十五条 【集体合同的效力】** 依法签订的集体合同对企业和企业全体职工具有约束力。职工个人与企业订立的劳动合同中劳动条件和劳动报酬等标准不得低于集体合同的规定。

☞ **相关法条**

《劳动合同法》第55条

第四章 工作时间和休息休假

★★ **第三十六条 【标准工作时间】** 国家实行劳动者每日工作时间不超过八小时、平均每周工作时间不超过四十四小时的工时制度。

注释

《国务院关于职工工作时间的规定》第3条规定："职工每日工作8小时、每周工作40小时。"第4条规定："在特殊条件下从事劳动和有特殊情况，需要适当缩短工作时间的，按照国家有关规定执行。"第5条规定："因工作性质或者生产特点的限制，不能实行每日工作8小时、每周工作40小时标准工时制度的，按照国家有关规定，可以实行其他工作和休息办法。"第6条规定："任何单位和个人不得擅自延长职工工作时间。因特殊情况和紧急任务确需延长工作时间的，按照国家有关规定执行。”

★ **第三十七条　【计件工作时间】**对实行计件工作的劳动者，用人单位应当根据本法第三十六条规定的工时制度合理确定其劳动定额和计件报酬标准。

★★ **第三十八条　【劳动者的周休日】**用人单位应当保证劳动者每周至少休息一日。

注释

本条中的休息日，又称公休假日，是劳动者工作一周之后的休息时间。有的企业因生产、工作需要，必须连续工作，应按照本条规定予以统筹安排，保证劳动者每周至少休息1天，即至少有一次24小时不间断的休息时间。有的企业因工作特殊，劳动者不能在休息日休息的，企业应当安排轮流工作制度，给予劳动者相等时间的补休。按照国家现行的劳动工时制度，一个工作周为7天，即工作5天，可以休息2天。

★ **第三十九条　【其他工时制度】**企业因生产特点不能实行本法第三十六条、第三十八条规定的，经劳动行政部门批准，可以实行其他工作和休息办法。

★ **第四十条　【法定休假节日】**用人单位在下列节

日期间应当依法安排劳动者休假：

（一）元旦；

（二）春节；

（三）国际劳动节；

（四）国庆节；

（五）法律、法规规定的其他休假节日。

注释

根据《全国年节及纪念日放假办法》（2013修订）的规定，全体公民放假的节日为：新年，放假1天（1月1日）；春节，放假3天（正月初一、初二、初三）；清明节，放假1天（农历清明当日）；劳动节，放假1天（5月1日）；端午节，放假1天（农历端午当日）；中秋节，放假1天（农历中秋当日）；国庆节，放假3天（10月1日、2日、3日）。

☆ 第四十一条　【延长工作时间】　用人单位由于生产经营需要，经与工会和劳动者协商后可以延长工作时间，一般每日不得超过一小时；因特殊原因需要延长工作时间的，在保障劳动者身体健康的条件下延长工作时间每日不得超过三小时，但是每月不得超过三十六小时。

☆ 第四十二条　【特殊情况下的延长工作时间】有

下列情形之一的，延长工作时间不受本法第四十一条规定的限制：

（一）发生自然灾害、事故或者因其他原因，威胁劳动者生命健康和财产安全，需要紧急处理的；

（二）生产设备、交通运输线路、公共设施发生故障，影响生产和公众利益，必须及时抢修的；

（三）法律、行政法规规定的其他情形。

注释

法律、行政法规规定的其他情形，主要是指有下列特殊情形和紧急任务之一的：(1) 发生自然灾害、事故或者因其他原因，使人民的安全健康和国家财产遭到严重威胁，需要紧急处理的；(2) 生产设备、交通运输线路、公共设施发生故障，影响生产和公众利益，必须及时抢修的；(3) 必须利用法定节日或公休假日的停产期间进行设备检修、保养的；(4) 为完成国防紧急任务，或者完成上级在国家计划外安排的其他紧急生产任务，以及商业、供销企业在旺季完成收购、运输、加工农副产品紧急任务的。

★ **第四十三条　【用人单位延长工作时间的禁止】** 用人单位不得违反本法规定延长劳动者的工作时间。

★★ **第四十四条　【延长工作时间的工资支付】** 有下列情形之一的，用人单位应当按照下列标准支付高于劳动者正常工作时间工资的工资报酬：

（一）安排劳动者延长工作时间的，支付不低于工资的百分之一百五十的工资报酬；

（二）休息日安排劳动者工作又不能安排补休的，支付不低于工资的百分之二百的工资报酬；

（三）法定休假日安排劳动者工作的，支付不低于工资的百分之三百的工资报酬。

★★ **第四十五条　【年休假制度】** 国家实行带薪年休假制度。

劳动者连续工作一年以上的，享受带薪年休假。具体办法由国务院规定。

生活小案例

王某以要求某宾馆支付加班费、未休年假工资为由向北京市某区人民法院提起诉讼。

法院经审理认为，王某主张其在某宾馆工作期间未休过年假，某宾馆也未向其支付过未休年假工资。某宾馆虽主张王某每年在春节期间已享受年休假，但未提交充分有效证据予以证明，故法院对其主张不予采信。王某提交的其自行缴纳养老保险的凭证并不能证明其工作年限，因此对其主张的应休年假天数不予采信。经法院核算，某宾馆应支付王某2008年6月1日至2016年12月31日的未休年假工资12413.79元。

☞ **相关法条**

《宪法》第43条

第五章　工　　资

★ **第四十六条　【工资分配基本原则】**工资分配应当遵循按劳分配原则，实行同工同酬。

工资水平在经济发展的基础上逐步提高。国家对工资总量实行宏观调控。

注　释

同工同酬，是指用人单位对于从事相同工作，付出等量劳动且取得相同劳动业绩的劳动者，支付同等的劳动报酬。由此可以看出，同工同酬必须具备三个条件：一是劳动者的工作岗位、工作内容相同；二是在相同的工作岗位上付出了与别人同样的劳动工作量；三是同样的工作量取得了相同的工作业绩。

一般而言，同工同酬的内容包括以下几个方面：第一，男女同工同酬。第二，不同种族、民族、身份的人同工同酬。第三，地区、行业、部门间的同工同酬。第四，企业内部的同工同酬。这是同工同酬中最重要的内容。在同一企业中从事相同工作，付出等量劳动且取得相同劳动业绩的劳动者，有权利获得同等的劳动报酬。

第四十七条　【用人单位自主确定工资分配】用人单位根据本单位的生产经营特点和经济效益，依法自主确定本单位的工资分配方式和工资水平。

☆☆ **第四十八条　【最低工资保障】**国家实行最低工资保障制度。最低工资的具体标准由省、自治区、直辖市人民政府规定，报国务院备案。

用人单位支付劳动者的工资不得低于当地最低工资标准。

注释

最低工资是指劳动者在法定工作时间内提供正常劳动的前提下，其所在单位应支付的最低劳动报酬。最低工资不包括加班加点工资，中班、夜班、高温、低温、井下、有毒有害等特殊工作环境、条件下的津贴以及国家法律法规、政策规定的劳动者社会保险和福利待遇等。

★★ **第四十九条　【确定和调整最低工资标准的因素】**确定和调整最低工资标准应当综合参考下列因素：

（一）劳动者本人及平均赡养人口的最低生活费用；

（二）社会平均工资水平；

（三）劳动生产率；

（四）就业状况；

（五）地区之间经济发展水平的差异。

★★ **第五十条　【工资支付形式和不得克扣、拖欠工资】** 工资应当以货币形式按月支付给劳动者本人。不得克扣或者无故拖欠劳动者的工资。

注释

2011年5月1日起施行的《中华人民共和国刑法修正案（八）》将恶意欠薪行为入罪，在很大程度上完善了劳动者权利保护体系。通过刑法的强力介入，打击恶意欠薪，震慑无良雇主，保护广大劳动者的合法权益不受侵犯。

拒不支付劳动报酬罪主观方面应以逃避支付劳动者的劳动报酬为目的，客观方面表现为以转移财产、逃匿等方法逃避支付劳动者的劳动报酬，或者有能力支付而不支付劳动者的劳动报酬，且拖欠的劳动报酬需达到数额较大，并要以经政府有关部门责令支付仍不支付为前提。其目的在于在加大保护劳动者合法权益的同时，避免刑罚的过度干预，有助于维护市场经济健康有序运行，促进社会的和谐稳定。

★★ **第五十一条　【法定休假日等的工资支付】** 劳动者在法定休假日和婚丧假期间以及依法参加社会活动期间，用人单位应当依法支付工资。

第六章　劳动安全卫生

★ **第五十二条　【劳动安全卫生制度的建立】** 用人单位必须建立、健全劳动安全卫生制度，严格执行国家劳动安全卫生规程和标准，对劳动者进行劳动安全卫生教育，防止劳动过程中的事故，减少职业危害。

第五十三条　【劳动安全卫生设施】 劳动安全卫生设施必须符合国家规定的标准。

新建、改建、扩建工程的劳动安全卫生设施必须与主体工程同时设计、同时施工、同时投入生产和使用。

★★ **第五十四条　【用人单位的劳动保护义务】** 用人单位必须为劳动者提供符合国家规定的劳动安全卫生条件和必要的劳动防护用品，对从事有职业危害作业的劳动者应当定期进行健康检查。

注释

本条要求企业提供的劳动安全卫生条件，主要包括工作场所和生产设备。工作场所的光线应当充足，噪声、有毒有害气体和粉尘浓度不得超过国家规定的标准，建筑施工、易燃易爆和有毒有害等危险作业场所应当设置相应的防护设施、报警装置、通讯装置、安全标志等。对危险性大的生产设备设施，如锅炉、压力容器、起重机械、电梯、企业内机动车辆、客运架空索道等，必须经过安全评价认可，取得安全使用许可证后，方可投入运行。企业提供的劳动防护用品，必须是经过安全认证合格的劳动防护用品。

★ **第五十五条　【特种作业的上岗要求】** 从事特种作业的劳动者必须经过专门培训并取得特种作业资格。

注释

特种作业及人员范围包括：（1）电工作业，含发电、送电、变电、配电，电气设备的安装、运行、检修（维修）、试验工，矿山井下电钳工。（2）金属焊接、切割作业，含焊接工、切割工。（3）起重机械（含电梯）作业，含起重机械（含电梯）司机、司索工、信号指挥工、安装与维修工。（4）企业内机动车辆驾驶，含在企业内码头、货场等生产作业区域和施工现场行驶的各类机动车辆的驾驶人员。（5）登高架设作业，含2米以上登高架设、拆除、维修工，高层建（构）物表面清洗工。（6）锅炉作业（含水质化验），含承压锅炉的操作工、锅炉水质化验工。（7）压力容器作业，含压力容器罐装工、检验工、运输押运工、大型空气压缩机操作工。(8) 制冷作业，含制冷设备安装工、操作工、维修工。(9) 爆破作业，含地面工程爆破、井下爆破工。(10) 矿山通风作业，含主扇风机操作工、瓦斯抽放工、通风安全监测工、测风测尘工。(11) 矿山排水作业，含矿井主排水泵工、尾矿坝作业工。(12) 矿山安全检查作业，含安全检查工、瓦斯检验工、电器设备防爆检查工。(13) 矿山提升运输作业，含提升机操作工，(上、下山) 绞车操作工，固定胶带输送机操作工，信号工，拥罐（把钩）工。(14) 采掘（剥）作业，含采煤机司机、掘进机司机、耙岩机司机、凿岩机司机。(15) 矿山救护作业。(16) 危险物品作业，含危险化学品、民用爆炸品、放射性物品的操作工，运输押运工，储存保管员。(17) 经国家安全生产监督管理局批准的其他作业。

★ **第五十六条 【劳动者在安全生产中的权利和义务】** 劳动者在劳动过程中必须严格遵守安全操作规程。

劳动者对用人单位管理人员违章指挥、强令冒险作业，有权拒绝执行；对危害生命安全和身体健康的行为，有权提出批评、检举和控告。

注释

在特定情形下，工伤职工获得的补偿难以弥补因安全生产事故所造成的损失，此时职工作为直接从事生产的人员，如果用人单位未尽保护职工合法权益的义务或者违法侵害职工合法权益的，职工有权向本单位提出民事赔偿的要求。

第五十七条　【伤亡事故和职业病的统计、报告、处理】国家建立伤亡事故和职业病统计报告和处理制度。县级以上各级人民政府劳动行政部门、有关部门和用人单位应当依法对劳动者在劳动过程中发生的伤亡事故和劳动者的职业病状况，进行统计、报告和处理。

第七章　女职工和未成年工特殊保护

第五十八条　【女职工和未成年工的特殊劳动保护】国家对女职工和未成年工实行特殊劳动保护。

未成年工是指年满十六周岁未满十八周岁的劳动者。

☞ **相关法条**

《女职工劳动保护特别规定》

《禁止使用童工规定》

第五十九条　【女职工禁忌劳动的范围】禁止安排女职工从事矿山井下、国家规定的第四级体力劳动强度的劳动和其他禁忌从事的劳动。

注释

“矿山井下”作业指常年在矿山井下从事各种劳动，不包括临时性的工作，如医务人员下矿井进行治疗和抢救等。至于体力劳动强度的大小，是以劳动强度指数来衡量的，劳动强度指数是由该工种的平均劳动时间率、平均能量代谢率两个因素构成的。劳动强度指数越大，体力劳动强度也越大；反之，体力劳动强度就越小。

第六十条　【女职工经期的保护】不得安排女职工在经期从事高处、低温、冷水作业和国家规定的第三级体力劳动强度的劳动。

第六十一条　【女职工孕期的保护】不得安排女职工在怀孕期间从事国家规定的第三级体力劳动强度的劳动和孕期禁忌从事的劳动。对怀孕七个月以上的女职工，不得安排其延长工作时间和夜班劳动。

注释

《女职工劳动保护特别规定》规定，女职工在孕期禁忌从事的劳动范围：（1）作业场所空气中铅及其化合物、汞及其化合物、苯、镉、铍、砷、氰化物、氮氧化物、一氧化碳、二硫化碳、氯、己内酰胺、氯丁二烯、氯乙烯、环氧乙烷、苯胺、甲醛等有毒物质浓度超过国家职业卫生标准的作业；（2）从事抗癌药物、己烯雌酚生产，接触麻醉剂气体等的作业；（3）非密封源放射性物质的操作，核事故与放射事故的应急处置；（4）高处作业分级标准中规定的高处作业；（5）冷水作业分级标准中规定的冷水作业；（6）低温作业分级标准中规定的低温作业；（7）高温作业分级标准中规定的第三级、第四级的作业；（8）噪声作业分级标准中规定的第三级、第四级的作业；（9）体力劳动强度分级标准中规定的第三级、第四级体力劳动强度的作业；（10）在密闭空间、高压室作业或者潜水作业，伴有强烈振动的作业，或者需要频繁弯腰、攀高、下蹲的作业。

★★ **第六十二条　【女职工产期的保护】** 女职工生育享受不少于九十天的产假。

★ **第六十三条　【女职工哺乳期的保护】** 不得安排女职工在哺乳未满一周岁的婴儿期间从事国家规定的第三级体力劳动强度的劳动和哺乳期禁忌从事的其他劳动，不得安排其延长工作时间和夜班劳动。

★★ **第六十四条　【未成年工禁忌劳动的范围】** 不得安排未成年工从事矿山井下、有毒有害、国家规定的第四级体力劳动强度的劳动和其他禁忌从事的劳动。

★ **第六十五条　【未成年工定期健康检查】** 用人单位应当对未成年工定期进行健康检查。

注释

用人单位应按下列要求对未成年工定期进行健康检查：(1) 安排工作岗位之前；(2) 工作满1年；(3) 年满18周岁，距前一次的体检时间已超过半年。

第八章　职业培训

★ **第六十六条　【国家发展职业培训事业】** 国家通过各种途径，采取各种措施，发展职业培训事业，开发劳动者的职业技能，提高劳动者素质，增强劳动者的就业能力和工作能力。

第六十七条　【各级政府的职责】 各级人民政府应当把发展职业培训纳入社会经济发展的规划，鼓励和支持有条件的企业、事业组织、社会团体和个人进行各种形式的职业培训。

★★ **第六十八条　【用人单位的义务】** 用人单位应当建立职业培训制度，按照国家规定提取和使用职业培训经费，根据本单位实际，有计划地对劳动者进行职业培训。

从事技术工种的劳动者，上岗前必须经过培训。

生活小案例

叶某原系海湾公司职工，双方签订了劳动合同，约定叶某为生产维修部门工程师。2015 年 2 月，海湾公司安排叶某参加了某机型培训并顺利结业。此次培训，海湾公司共支出培训费 80 万元。2017 年 10 月，叶某因个人原因提出辞职，双方于 2017 年 11 月 30 日解除劳动关系。2018 年 3 月 15 日，海湾公司提起诉讼，要求叶某赔偿培训费损失 50 万元。

法院认为，根据查明的事实，叶某参加的培训对应特定机型的维修、放行等，如果不参加相应机型的培训，所持有的执照上将没有该类机型的培训记录，将不具备该类机型的维修、放行等资格。显然，叶某所参加的机型培训非岗前培训，而是能够提升其专业技能、扩大其执业范围的专业技术培训。叶某虽主张未与海湾公司签订培训协议，双方不存在服务期及培训费赔偿的约定，但叶某参加学习了海湾公司制定的《人力资源政策手册》中有关于服务期及培训费的规定，叶某对海湾公司关于服务期及培训费的规定是知悉的。根据规定，叶某的服务期应为培训结束后满 5 年。但叶某于 2017 年 11 月 30 日因个人原因离职，属于在服务期届满前离职。叶某提前离职的行为不仅违反了海湾公司关于服务期的规定，也违反了诚实信用原则，其应对因此给海湾公司造成的培训费损失承担赔偿责任。具体赔偿数额，应结合海湾公司关于服务期的规定、叶某参加培训产生的费用、叶某参加培训的时间及离职时间等予以确定。

第六十九条　【职业技能资格】国家确定职业分类，对规定的职业制定职业技能标准，实行职业资格证书制度，由经备案的考核鉴定机构负责对劳动者实施职业技能考核鉴定。

第九章　社会保险和福利

★★ **第七十条　【社会保险制度】**国家发展社会保险事业，建立社会保险制度，设立社会保险基金，使劳动者在年老、患病、工伤、失业、生育等情况下获得帮助和补偿。

☞ **相关法条**

《社会保险法》第 2 条

第七十一条　【社会保险水平】社会保险水平应当与社会经济发展水平和社会承受能力相适应。

★ **第七十二条　【社会保险基金】**社会保险基金按

照保险类型确定资金来源，逐步实行社会统筹。用人单位和劳动者必须依法参加社会保险，缴纳社会保险费。

☆☆ **第七十三条　【享受社会保险待遇的条件和标准】** 劳动者在下列情形下，依法享受社会保险待遇：

（一）退休；

（二）患病、负伤；

（三）因工伤残或者患职业病；

（四）失业；

（五）生育。

劳动者死亡后，其遗属依法享受遗属津贴。

劳动者享受社会保险待遇的条件和标准由法律、法规规定。

劳动者享受的社会保险金必须按时足额支付。

☞ **相关法条**

《宪法》第 45 条

《社会保险法》第 10~56 条

☆ **第七十四条　【社会保险基金管理】** 社会保险基金经办机构依照法律规定收支、管理和运营社会保险基金，并负有使社会保险基金保值增值的责任。

社会保险基金监督机构依照法律规定，对社会保险基金的收支、管理和运营实施监督。

社会保险基金经办机构和社会保险基金监督机构的设立和职能由法律规定。

任何组织和个人不得挪用社会保险基金。

注释

社会保险基金的法定支出项目有：（1）按法定项目和标准支付的被保险人的社会保险金和其他社会保险待遇；（2）按法定方法和比例提取的社会保险服务费用和管理费用；（3）在失业保险基金中依法定标准支出再就业服务费用；（4）法定其他支出。

★ **第七十五条　【补充保险和个人储蓄保险】** 国家鼓励用人单位根据本单位实际情况为劳动者建立补充保险。

国家提倡劳动者个人进行储蓄性保险。

★ **第七十六条　【职工福利】** 国家发展社会福利事业，兴建公共福利设施，为劳动者休息、休养和疗养提供条件。

用人单位应当创造条件，改善集体福利，提高劳动者的福利待遇。

注释

对于劳动者的福利，应当注意其具有不同于工资和社会保险的形式，工资和社会保险一般以货币的形式支付给劳动者。而福利可表现为各种形式，既含有货币形式，也可以采取实物、服务的形式。

第十章 劳动争议

★★ **第七十七条 【劳动争议的解决途径】** 用人单位与劳动者发生劳动争议，当事人可以依法申请调解、仲裁、提起诉讼，也可以协商解决。

调解原则适用于仲裁和诉讼程序。

第七十八条 【劳动争议的处理原则】 解决劳动争议，应当根据合法、公正、及时处理的原则，依法维护劳动争议当事人的合法权益。

★★ **第七十九条 【劳动争议的调解、仲裁和诉讼的相互关系】** 劳动争议发生后，当事人可以向本单位劳动争议调解委员会申请调解；调解不成，当事人一方要求仲裁的，可以向劳动争议仲裁委员会申请仲裁。当事人一方也可以直接向劳动争议仲裁委员会申请仲裁。对仲裁裁决不服的，可以向人民法院提起诉讼。

☞ **相关法条**

《劳动争议调解仲裁法》第 5、47 条

★★ **第八十条　【劳动争议的调解】**在用人单位内，可以设立劳动争议调解委员会。劳动争议调解委员会由职工代表、用人单位代表和工会代表组成。劳动争议调解委员会主任由工会代表担任。

劳动争议经调解达成协议的，当事人应当履行。

注释

担任劳动争议仲裁委员会的仲裁员应当公道正派并符合下列条件之一：（1）曾任审判员的；（2）从事法律研究、教学工作并具有中级以上职称的；（3）具有法律知识、从事人力资源管理或者工会等专业工作满 5 年的；（4）律师执业满 3 年的。

☞ **相关法条**

《劳动争议调解仲裁法》第 10~16 条

★ **第八十一条　【劳动争议仲裁委员会的组成】**劳动争议仲裁委员会由劳动行政部门代表、同级工会代表、用人单位方面的代表组成。劳动争议仲裁委员会主任由劳动行政部门代表担任。

☞ **相关法条**

《劳动争议调解仲裁法》第 19 条

☆☆ **第八十二条　【劳动争议仲裁的程序】** 提出仲裁要求的一方应当自劳动争议发生之日起六十日内向劳动争议仲裁委员会提出书面申请。仲裁裁决一般应在收到仲裁申请的六十日内作出。对仲裁裁决无异议的，当事人必须履行。

☆☆ **第八十三条　【仲裁裁决的效力】** 劳动争议当事人对仲裁裁决不服的，可以自收到仲裁裁决书之日起十五日内向人民法院提起诉讼。一方当事人在法定期限内不起诉又不履行仲裁裁决的，另一方当事人可以申请人民法院强制执行。

生活小案例

王某因与某进出口公司之间产生劳动争议，向法院起诉，请求被告支付原告拖欠的工资。

一审法院经审理认为，某区劳动争议仲裁委员会针对本案作出的仲裁裁决书已发生法律效力，且原告提起诉讼的时间已超过 15 天的诉讼期限。根据《劳动法》的规定，法院遂裁定：驳回原告王某的起诉。

王某不服一审判决，提起上诉。二审法院认为：某区劳动争议仲裁委员会作出的仲裁裁决书已经发生法律效力，现上诉人就相同请求再次起诉违背“一事不再理”原则，一审法院据此驳回起诉并无不当。

☞ **相关法条**

《劳动争议调解仲裁法》第48条

★★ **第八十四条 【集体合同争议的处理】**因签订集体合同发生争议，当事人协商解决不成的，当地人民政府劳动行政部门可以组织有关各方协调处理。

因履行集体合同发生争议，当事人协商解决不成的，可以向劳动争议仲裁委员会申请仲裁；对仲裁裁决不服的，可以自收到仲裁裁决书之日起十五日内向人民法院提起诉讼。

第十一章 监督检查

★★ **第八十五条 【劳动行政部门的监督检查】**县级以上各级人民政府劳动行政部门依法对用人单位遵守劳动法律、法规的情况进行监督检查，对违反劳动法律、法规的行为有权制止，并责令改正。

第八十六条 【劳动监察机构的监察程序】县级以上各级人民政府劳动行政部门监督检查人员执行公

务，有权进入用人单位了解执行劳动法律、法规的情况，查阅必要的资料，并对劳动场所进行检查。

县级以上各级人民政府劳动行政部门监督检查人员执行公务，必须出示证件，秉公执法并遵守有关规定。

★ **第八十七条　【政府有关部门的监察】**县级以上各级人民政府有关部门在各自职责范围内，对用人单位遵守劳动法律、法规的情况进行监督。

注释

相关行政部门进行监督的方式主要有三种：(1) 依法独立开展劳动监督活动；(2) 依法对劳动行政部门、其他行政部门和工会组织的建议进行调查处理；(3) 会同劳动行政部门等监督主体实施劳动监督。

★ **第八十八条　【工会监督　社会监督】**各级工会依法维护劳动者的合法权益，对用人单位遵守劳动法律、法规的情况进行监督。

任何组织和个人对于违反劳动法律、法规的行为有权检举和控告。

注释

工会监督是劳动监督检查的重要组成部分。但要注意，工会监督和行政监督是不同的，工会监督是一种广义上的社会监督，行政监督是一种行政执法行为。行政监督职权中包括行政处罚权和强制措施权，而工会的职权不包括这些内容，工会只能就用人单位违反劳动法的行为提出处理意见、建议和要求。

第十二章 法律责任

第八十九条 【劳动规章制度违法的法律责任】 用人单位制定的劳动规章制度违反法律、法规规定的，由劳动行政部门给予警告，责令改正；对劳动者造成损害的，应当承担赔偿责任。

★ **第九十条 【违法延长工时的法律责任】** 用人单位违反本法规定，延长劳动者工作时间的，由劳动行政部门给予警告，责令改正，并可以处以罚款。

注释

《劳动保障监察条例》第25条规定：“用人单位违反劳动保障法律、法规或者规章延长劳动者工作时间的，由劳动保障行政部门给予警告，责令限期改正，并可以按照受侵害的劳动者每人100元以上500元以下的标准计算，处以罚款。”

★ **第九十一条 【用人单位侵权的民事责任】**用人单位有下列侵害劳动者合法权益情形之一的，由劳动行政部门责令支付劳动者的工资报酬、经济补偿，并可以责令支付赔偿金：

（一）克扣或者无故拖欠劳动者工资的；

（二）拒不支付劳动者延长工作时间工资报酬的；

（三）低于当地最低工资标准支付劳动者工资的；

（四）解除劳动合同后，未依照本法规定给予劳动者经济补偿的。

★ **第九十二条 【用人单位违反劳动安全卫生规定的法律责任】**用人单位的劳动安全设施和劳动卫生条件不符合国家规定或者未向劳动者提供必要的劳动防护用品和劳动保护设施的，由劳动行政部门或者有关部门责令改正，可以处以罚款；情节严重的，提请县级以上人民政府决定责令停产整顿；对事故隐患不采取措施，致使发生重大事故，造成劳动者生命和财产损失的，对责任人员依照刑法有关规定追究刑事责任。

注释

《刑法》第134条之一规定：“在生产、作业中违反有关安全管理的规定，有下列情形之一，具有发生重大伤亡事故或者其他严重后果的现实危险的，处一年以下有期徒刑、拘役或者管制：（一）关闭、破坏直接关系生产安全的监控、报警、防护、救生设备、设施，或者篡改、隐瞒、销毁其相关数据、信息的；（二）因存在重大事故隐患被依法责令停产停业、停止施工、停止使用有关设备、设施、场所或者立即采取排除危险的整改措施，而拒不执行的；（三）涉及安全生产的事项未经依法批准或者许可，擅自从事矿山开采、金属冶炼、建筑施工，以及危险物品生产、经营、储存等高度危险的生产作业活动的。”

第九十三条　【强令劳动者违章作业的法律责任】用人单位强令劳动者违章冒险作业，发生重大伤亡事故，造成严重后果的，对责任人员依法追究刑事责任。

★★ **第九十四条　【用人单位非法招用未成年工的法律责任】**用人单位非法招用未满十六周岁的未成年人的，由劳动行政部门责令改正，处以罚款；情节严重的，由市场监督管理部门吊销营业执照。

第九十五条　【违反女职工和未成年工保护规定的法律责任】用人单位违反本法对女职工和未成年工的保护规定，侵害其合法权益的，由劳动行政部门责令改正，处以罚款；对女职工或者未成年工造成损害的，应当承担赔偿责任。

第九十六条　【侵犯劳动者人身自由的法律责任】用人单位有下列行为之一，由公安机关对责任人员处以十五日以下拘留、罚款或者警告；构成犯罪的，对责任人员依法追究刑事责任：

（一）以暴力、威胁或者非法限制人身自由的手段强迫劳动的；

（二）侮辱、体罚、殴打、非法搜查和拘禁劳动者的。

★★ **第九十七条　【订立无效合同的民事责任】**由于用人单位的原因订立的无效合同，对劳动者造成损害的，应当承担赔偿责任。

注释

《劳动合同法》第86条规定，劳动合同被确认无效，给对方造成损害的，有过错的一方应当承担赔偿责任。也就是说，在因劳动者的原因导致劳动合同无效的情况下，劳动者对用人单位也承担相应的赔偿责任。另外，劳动合同被确认无效，劳动者已付出劳动的，用人单位应当向劳动者支付劳动报酬。劳动报酬的数额，参照本单位相同或者相近岗位劳动者的劳动报酬确定。

第九十八条　【违法解除或故意拖延不订立劳动合同的法律责任】用人单位违反本法规定的条件解除劳动合同或者故意拖延不订立劳动合同的，由劳动行政部门责令改正；对劳动者造成损害的，应当承担赔偿责任。

☆☆ **第九十九条　【招用尚未解除劳动合同者的法律责任】**用人单位招用尚未解除劳动合同的劳动者，对原用人单位造成经济损失的，该用人单位应当依法承担连带赔偿责任。

注释

这种情况下，原用人单位起诉劳动者的，可以将新的用人单位列为第三人；原用人单位以新的用人单位侵权起诉至人民法院的，可以将劳动者列为第三人；原用人单位以用人单位和劳动者共同侵权向人民法院起诉的，新的用人单位和劳动者为共同被告。

第一百条　【用人单位不缴纳社会保险费的法律责任】用人单位无故不缴纳社会保险费的，由劳动行政部门责令其限期缴纳；逾期不缴的，可以加收滞纳金。

★ **第一百零一条　【阻挠监督检查、打击报复举报**

人员的法律责任】用人单位无理阻挠劳动行政部门、有关部门及其工作人员行使监督检查权，打击报复举报人员的，由劳动行政部门或者有关部门处以罚款；构成犯罪的，对责任人员依法追究刑事责任。

注释

用人单位实施下列行为之一的，应认定为本条中的“无理阻挠”行为：(1) 阻止劳动监督检查人员进入用人单位内（包括进入劳动现场）进行监督检查的；(2) 隐瞒事实真相，出具伪证，或者隐匿、毁灭证据的；(3) 拒绝提供有关资料的；(4) 拒绝在规定的时间和地点就劳动行政部门所提问题作出解释和说明的；(5) 法律、法规和规章规定的其他情况。

★★ 第一百零二条　【劳动者违法解除劳动合同或违反保密约定的民事责任】劳动者违反本法规定的条件解除劳动合同或者违反劳动合同中约定的保密事项，对用人单位造成经济损失的，应当依法承担赔偿责任。

第一百零三条　【劳动行政部门和有关部门工作人员渎职的法律责任】劳动行政部门或者有关部门的工作人员滥用职权、玩忽职守、徇私舞弊，构成犯罪的，依法追究刑事责任；不构成犯罪的，给予行政处分。

第一百零四条　【挪用社会保险基金的法律责任】国家工作人员和社会保险基金经办机构的工作人

员挪用社会保险基金，构成犯罪的，依法追究刑事责任。

第一百零五条　【其他法律、行政法规的处罚效力】违反本法规定侵害劳动者合法权益，其他法律、行政法规已规定处罚的，依照该法律、行政法规的规定处罚。

第十三章　附　　则

第一百零六条　【省级人民政府实施步骤的制定和备案】省、自治区、直辖市人民政府根据本法和本地区的实际情况，规定劳动合同制度的实施步骤，报国务院备案。

第一百零七条　【施行时间】本法自 1995 年 1 月 1 日起施行。

▶▶小测试◀◀ *①

1. 工资分配应当遵循按劳分配原则，实行区别待遇。（　　）

* 本书小测试依次设置判断、选择、填空三种题型。

① 【答案】1. ×，解析：《劳动法》第 46 条第 1 款。2. ×，解析：《劳动法》第 62 条。3 √。4. B。5. C。6. ABCD。7. ABCD。8. 书面。9. 8 小时；44 小时。10. 1 年。

2. 女职工生育享受不少于120天的产假。(　　)

3. 国家对女职工和未成年工实行特殊劳动保护。(　　)

4. 对怀孕(　　)个月以上的女职工，不得安排其延长工作时间和夜班劳动。

A. 6　　B. 7

C. 8　　D. 9

5. 劳动争议当事人对仲裁裁决不服的，可以自收到仲裁裁决书之日起(　　)日内向人民法院提起诉讼。

A. 5　　B. 10

C. 15　　D. 30

6. 劳动合同应当包括：(　　)

A. 劳动合同期限　　B. 工作内容

C. 劳动保护和劳动条件　　D. 劳动报酬

7. 确定和调整最低工资标准应当综合参考的因素有：(　　)

A. 社会平均工资水平　　B. 劳动生产率

C. 就业状况　　D. 地区之间经济发展水平的差异

8. 劳动合同应当以____形式订立。

9. 国家实行劳动者每日工作时间不超过____、平均每周工作时间不超过____的工时制度。

10. 劳动者连续工作____以上的，享受带薪年休假。

中华人民共和国劳动合同法

（2007年6月29日第十届全国人民代表大会常务委员会第二十八次会议通过　根据2012年12月28日第十一届全国人民代表大会常务委员会第三十次会议《关于修改〈中华人民共和国劳动合同法〉的决定》修正）

第一章　总　　则

第一条　**【立法宗旨】**为了完善劳动合同制度，明确劳动合同双方当事人的权利和义务，保护劳动者的合法权益，构建和发展和谐稳定的劳动关系，制定本法。

★ **第二条**　**【适用范围】**中华人民共和国境内的企业、个体经济组织、民办非企业单位等组织（以下称用人单位）与劳动者建立劳动关系，订立、履行、变更、解除或者终止劳动合同，适用本法。

国家机关、事业单位、社会团体和与其建立劳动关系的劳动者，订立、履行、变更、解除或者终止劳动合同，依照本法执行。

☞ **相关法条**

《劳动合同法实施条例》第3条

★★ **第三条　【基本原则】**订立劳动合同，应当遵循合法、公平、平等自愿、协商一致、诚实信用的原则。

依法订立的劳动合同具有约束力，用人单位与劳动者应当履行劳动合同约定的义务。

注释

1. 合法原则。合法是劳动合同有效的前提条件。所谓合法就是劳动合同的形式和内容必须符合法律、法规的规定。首先，劳动合同的形式要合法。其次，劳动合同的内容要合法。

2. 公平原则。公平原则是指劳动合同的内容应当公平、合理。就是在符合法律规定的前提下，劳动合同双方公正、合理地确立双方的权利和义务。

3. 平等自愿。平等自愿原则包括两层含义，一是平等原则，二是自愿原则。所谓平等原则就是劳动者和用人单位在订立劳动合同时在法律地位上是平等的，没有高低、从属之分，不存在命令和服从、管理和被管理关系。自愿原则是指订立劳动合同完全是出于劳动者和用人单位双方的真实意志，是双方协商一致达成的，任何一方不得把自己的意志强加给另一方。

4. 协商一致。协商一致就是用人单位和劳动者要对合同的内容达成一致意见。合同是双方意思表示一致的结果，劳动合同也是一种合同，也需要劳动者和用人单位双方协商一致，达成合意，一方不能凌驾于另一方之上，不得把自己的意志强加给对方，也不能强迫命令、胁迫对方订立劳动合同。

5. 诚实信用。就是在订立劳动合同时要诚实，讲信用。

第四条　【规章制度】 用人单位应当依法建立和完善劳动规章制度，保障劳动者享有劳动权利、履行劳动义务。

用人单位在制定、修改或者决定有关劳动报酬、工作时间、休息休假、劳动安全卫生、保险福利、职工培训、劳动纪律以及劳动定额管理等直接涉及劳动者切身利益的规章制度或者重大事项时，应当经职工代表大会或者全体职工讨论，提出方案和意见，与工会或者职工代表平等协商确定。

在规章制度和重大事项决定实施过程中，工会或者职工认为不适当的，有权向用人单位提出，通过协商予以修改完善。

用人单位应当将直接涉及劳动者切身利益的规章制度和重大事项决定公示，或者告知劳动者。

★ **第五条 【协调劳动关系三方机制】** 县级以上人民政府劳动行政部门会同工会和企业方面代表，建立健全协调劳动关系三方机制，共同研究解决有关劳动关系的重大问题。

注释

三方机制应当由三方组成，即由代表政府的劳动行政部门、代表职工的地方总工会和代表用人单位的企业代表组织（企业联合会、企业家协会、商会等）。三方协商机制，实际上是一种平等对话的机制。

根据本法的规定，三方机制解决的是劳动关系方面的重大问题。如劳动就业、劳动报酬、社会保险、职业培训、劳动争议、劳动安全卫生、工作时间和休息休假、集体合同和劳动合同等。

第六条 【集体协商机制】 工会应当帮助、指导劳动者与用人单位依法订立和履行劳动合同，并与用人单位建立集体协商机制，维护劳动者的合法权益。

第二章　劳动合同的订立

★ **第七条　【劳动关系的建立】**用人单位自用工之日起即与劳动者建立劳动关系。用人单位应当建立职工名册备查。

☞ **相关法条**

《劳动合同法实施条例》第 4、8 条

★★ **第八条　【用人单位的告知义务和劳动者的说明义务】**用人单位招用劳动者时，应当如实告知劳动者工作内容、工作条件、工作地点、职业危害、安全生产状况、劳动报酬，以及劳动者要求了解的其他情况；用人单位有权了解劳动者与劳动合同直接相关的基本情况，劳动者应当如实说明。

生活小案例

2016 年 4 月，原告某公司公开对外招聘工作人员，其中机械工程师岗位要求为：本科及以上学历，机械类专业，有 5 年以上工作经验，熟悉机械制图各类常用软件及机械加工各工种的工艺要求，能编制各种加工工艺。2016 年 6 月，被告曹某来原告处应聘并成功入职。曹某在填写登记表时写明最高学历为本科、所学专业为机械设计与制造、现职称为工程师。2017年1月，原告某公司认为被告提供的学历证书、职称证书均系伪造，且被告在招聘登记表中填写的相关工作经历为虚假，故于2017年3月14日向人民法院提起诉讼，申请确认双方签订的劳动合同无效。

法院认为，某公司对特定岗位对外进行公开招聘中已经明确提出录用条件且录用条件不具有违法内容，曹某对工作经历、职业技能、所学专业、学历证书等信息未履行如实说明义务，足以影响某公司关于订立劳动合同的真实意思表示，已构成欺诈。曹某未如实履行说明义务构成欺诈，则其与某公司订立的劳动合同无效。

综上所述，劳动者未向用人单位如实说明自身情况，在应聘阶段故意隐瞒真实情况、编造虚假信息，实际上将不能胜任工作的风险转移给了用人单位。劳动者未履行如实说明义务构成欺诈的，劳动合同无效。

第九条　【用人单位不得扣押劳动者证件和要求提供担保】用人单位招用劳动者，不得扣押劳动者的居民身份证和其他证件，不得要求劳动者提供担保或者以其他名义向劳动者收取财物。

☆☆ **第十条　【订立书面劳动合同】**建立劳动关系，应当订立书面劳动合同。

已建立劳动关系，未同时订立书面劳动合同的，应当自用工之日起一个月内订立书面劳动合同。

用人单位与劳动者在用工前订立劳动合同的，劳动关系自用工之日起建立。

注释

我国《劳动法》和本法明确规定，劳动合同应当以书面形式订立。用书面形式订立劳动合同严肃慎重、准确可靠、有据可查，一旦发生争议，便于查清事实，分清是非，也有利于主管部门和劳动行政部门进行监督检查。另外，书面劳动合同能够加强合同当事人的责任感，促使合同所规定的各项义务能够全面履行。与书面形式相对应的口头形式，由于没有可以保存的文字依据，随意性大，容易发生纠纷，且难以举证，不利于保护当事人的合法权益。

☞ **相关法条**

《劳动合同法实施条例》第6、7条

★ **第十一条 【未订立书面劳动合同时劳动报酬不明确的解决】**用人单位未在用工的同时订立书面劳动合同，与劳动者约定的劳动报酬不明确的，新招用的劳动者的劳动报酬按照集体合同规定的标准执行；没有集体合同或者集体合同未规定的，实行同工同酬。

☞ **相关法条**

《劳动合同法实施条例》第5条

★★ **第十二条　【劳动合同的种类】**劳动合同分为固定期限劳动合同、无固定期限劳动合同和以完成一定工作任务为期限的劳动合同。

☆ **第十三条　【固定期限劳动合同】**固定期限劳动合同，是指用人单位与劳动者约定合同终止时间的劳动合同。

用人单位与劳动者协商一致，可以订立固定期限劳动合同。

☆ **第十四条　【无固定期限劳动合同】**无固定期限劳动合同，是指用人单位与劳动者约定无确定终止时间的劳动合同。

用人单位与劳动者协商一致，可以订立无固定期限劳动合同。有下列情形之一，劳动者提出或者同意续订、订立劳动合同的，除劳动者提出订立固定期限劳动合同外，应当订立无固定期限劳动合同：

（一）劳动者在该用人单位连续工作满十年的；

（二）用人单位初次实行劳动合同制度或者国有企业改制重新订立劳动合同时，劳动者在该用人单位连续工作满十年且距法定退休年龄不足十年的；

（三）连续订立二次固定期限劳动合同，且劳动者没有本法第三十九条和第四十条第一项、第二项规定的情形，续订劳动合同的。

用人单位自用工之日起满一年不与劳动者订立书面劳动合同的，视为用人单位与劳动者已订立无固定期限劳动合同。

注释

订立无固定期限的劳动合同，劳动者可以长期在一个单位或部门工作。这种合同适用于工作保密性强、技术复杂、工作又需要保持人员稳定的岗位。这种合同对于用人单位来说，有利于维护其经济利益，减少频繁更换关键岗位的关键人员而带来的损失。对于劳动者来说，也有利于实现长期稳定职业，钻研业务技术。

☞ **相关法条**

《劳动合同法实施条例》第 9、11、12 条

★ **第十五条 【以完成一定工作任务为期限的劳动合同】** 以完成一定工作任务为期限的劳动合同，是指用人单位与劳动者约定以某项工作的完成为合同期限的劳动合同。

用人单位与劳动者协商一致，可以订立以完成一定工作任务为期限的劳动合同。

★★ **第十六条 【劳动合同的生效】** 劳动合同由用人单位与劳动者协商一致，并经用人单位与劳动者在劳

动合同文本上签字或者盖章生效。

劳动合同文本由用人单位和劳动者各执一份。

注 释

劳动合同发生法律效力必须具备一定条件，这些条件包括：(1) 劳动合同的双方当事人必须具备法定的资格；行为能力是签订合同的任何一方必须有法律上认可的签订劳动合同的资格。(2) 劳动合同的内容和形式必须合法，不得违反法律的强制性规定或者社会公共利益。所谓强制性规定就是当事人不能约定，只能按照法律规定的权利义务。(3) 劳动合同需由用人单位与劳动者协商一致订立。订立劳动合同的双方必须意思表示真实，任何一方采用欺诈、胁迫等手段与另一方签订的劳动合同是无效的。

☆☆ **第十七条** 【劳动合同的内容】劳动合同应当具备以下条款：

（一）用人单位的名称、住所和法定代表人或者主要负责人；

（二）劳动者的姓名、住址和居民身份证或者其他有效身份证件号码；

（三）劳动合同期限；

（四）工作内容和工作地点；

（五）工作时间和休息休假；

（六）劳动报酬；

（七）社会保险；

（八）劳动保护、劳动条件和职业危害防护；

（九）法律、法规规定应当纳入劳动合同的其他事项。

劳动合同除前款规定的必备条款外，用人单位与劳动者可以约定试用期、培训、保守秘密、补充保险和福利待遇等其他事项。

注释

入职登记原则上不能免除签订书面合同义务。用人单位单方制作的入职登记表，主要功能在于规范内部人员管理，其是否属于书面劳动合同，需综合考虑形式与实质要件。若形式上缺乏劳动合同必备条款，内容上不能反映双方签订劳动合同的合意，应认定为不具备劳动合同性质。

第十八条　【劳动合同对劳动报酬和劳动条件约定不明确的解决】劳动合同对劳动报酬和劳动条件等标准约定不明确，引发争议的，用人单位与劳动者可以重新协商；协商不成的，适用集体合同规定；没有集体合同或者集体合同未规定劳动报酬的，实行同工同酬；没有集体合同或者集体合同未规定劳动条件等标准的，适用国家有关规定。

☆ **第十九条 【试用期】**劳动合同期限三个月以上不满一年的，试用期不得超过一个月；劳动合同期限一年以上不满三年的，试用期不得超过二个月；三年以上固定期限和无固定期限的劳动合同，试用期不得超过六个月。

同一用人单位与同一劳动者只能约定一次试用期。

以完成一定工作任务为期限的劳动合同或者劳动合同期限不满三个月的，不得约定试用期。

试用期包含在劳动合同期限内。劳动合同仅约定试用期的，试用期不成立，该期限为劳动合同期限。

注释

劳动合同期限长短不是约定试用期的唯一参照。实践中，很多工作本来不需要过长的试用期，劳动者就能胜任，装卸工、建筑工地小工等技术含量较低的工种，试用 3 天就行。但有些用人单位动辄规定试用期为 3 个月，甚至半年，恶意用足法定试用期上限，这加重了劳动关系的不平等性，增加了劳动者的职业不确定性和经济负担。这就提醒劳动合同双方当事人特别是劳动者一方在约定试用期时将技术含量的因素考虑进去。对用人单位来说，在合理时间内依然不能判断劳动者是否能胜任，就应当承担因此而带来的风险。

★ **第二十条　【试用期工资】**劳动者在试用期的工资不得低于本单位相同岗位最低档工资或者劳动合同约定工资的百分之八十，并不得低于用人单位所在地的最低工资标准。

☞ **相关法条**

《劳动合同法实施条例》第15条

第二十一条　【试用期内解除劳动合同】在试用期中，除劳动者有本法第三十九条和第四十条第一项、第二项规定的情形外，用人单位不得解除劳动合同。用人单位在试用期解除劳动合同的，应当向劳动者说明理由。

★ **第二十二条　【服务期】**用人单位为劳动者提供专项培训费用，对其进行专业技术培训的，可以与该劳动者订立协议，约定服务期。

劳动者违反服务期约定的，应当按照约定向用人单位支付违约金。违约金的数额不得超过用人单位提供的培训费用。用人单位要求劳动者支付的违约金不得超过服务期尚未履行部分所应分摊的培训费用。

用人单位与劳动者约定服务期的，不影响按照正常的工资调整机制提高劳动者在服务期期间的劳动报酬。

生活小案例

2009年9月7日，甲医院与陈某签订进修协议，约定陈某进修结束后必须回甲医院工作，服务期不得低于10年。凡在10年内离开医院，陈某应赔偿违约金。后陈某违反约定，于2011年1月向甲医院提出辞职并擅自离职。2011年7月，陈某向仲裁院申请仲裁，后不服仲裁裁决，向法院起诉，要求甲医院签署同意其调离的意见并判令陈某不向甲医院赔偿违约金。

法院认为，双方当事人所签进修协议已经明确陈某培训后在甲医院的服务期限为10年，若违约则应赔偿违约金。陈某擅自离职的行为已构成违约。作为劳动者，即使其享有自主择业的权利，但其违反约定的行为，不为社会所提倡。甲医院主张违约金应依双方约定处理，但本案实质为劳动者与单位之间的人事争议纠纷。双方关于服务期和违约金的争议，应当适用劳动合同法的规定，陈某以该培训费为限，向甲医院支付违约金。

☞ **相关法条**

《劳动合同法实施条例》第16、17、26条

第二十三条　【保密义务和竞业限制】用人单位

与劳动者可以在劳动合同中约定保守用人单位的商业秘密和与知识产权相关的保密事项。

对负有保密义务的劳动者，用人单位可以在劳动合同或者保密协议中与劳动者约定竞业限制条款，并约定在解除或者终止劳动合同后，在竞业限制期限内按月给予劳动者经济补偿。劳动者违反竞业限制约定的，应当按照约定向用人单位支付违约金。

★★ **第二十四条　【竞业限制的范围和期限】** 竞业限制的人员限于用人单位的高级管理人员、高级技术人员和其他负有保密义务的人员。竞业限制的范围、地域、期限由用人单位与劳动者约定，竞业限制的约定不得违反法律、法规的规定。

在解除或者终止劳动合同后，前款规定的人员到与本单位生产或者经营同类产品、从事同类业务的有竞争关系的其他用人单位，或者自己开业生产或者经营同类产品、从事同类业务的竞业限制期限，不得超过二年。

注释

在用人单位存在商业秘密，劳动者亦知悉的情况下，在劳动合同终结后，劳动者的保密义务仍旧延续，即便用人单位未与劳动者签订竞业禁止协议，劳动者也应当保守用人单位的商业秘密，否则，用人单位可因此追究劳动者的侵权责任。

★★ **第二十五条　【违约金】** 除本法第二十二条和第二十三条规定的情形外，用人单位不得与劳动者约定由劳动者承担违约金。

注释

之所以允许劳动合同就劳动者保守商业秘密事项和服务期事项约定违约金，是因为用人单位就这两项事项事先有投入，例如，用人单位因出资培训而与劳动者签订服务期条款，劳动合同就此对劳动者的辞职约定违约金，不是为了惩罚劳动者或担保合同的履行，而是补偿因劳动者辞职给企业造成的损失。这样的违约金的约定具有一定的合理性，单纯就劳动合同期限对劳动者约定的违约金显然不具有这样的合理性。

☆ **第二十六条　【劳动合同的无效】** 下列劳动合同无效或者部分无效：

（一）以欺诈、胁迫的手段或者乘人之危，使对方在违背真实意思的情况下订立或者变更劳动合同的；

（二）用人单位免除自己的法定责任、排除劳动者权利的；

（三）违反法律、行政法规强制性规定的。

对劳动合同的无效或者部分无效有争议的，由劳动争议仲裁机构或者人民法院确认。

注释

用人单位免除自己的法定责任、排除劳动者的权利的劳动合同在实践中出现较多的是造成劳动者人身伤害的免责条款。对于人身的健康和生命安全，法律是给予特殊保护的，并且从整体社会利益的角度来考虑，如果允许免除用人单位对劳动者人身伤害的责任，那么无异于纵容用人单位利用合同形式对劳动者的生命进行摧残，这与保护公民的人身权利的宪法原则是相违背的。劳动者对合同权利的放弃，如果与劳动法的维权宗旨相悖，那么劳动者放弃权利的行为应当受到限制。

第二十七条　【劳动合同部分无效】劳动合同部分无效，不影响其他部分效力的，其他部分仍然有效。

第二十八条　【劳动合同无效后劳动报酬的支付】劳动合同被确认无效，劳动者已付出劳动的，用人单位应当向劳动者支付劳动报酬。劳动报酬的数额，参照本单位相同或者相近岗位劳动者的劳动报酬确定。

第三章 劳动合同的履行和变更

第二十九条 【劳动合同的履行】用人单位与劳动者应当按照劳动合同的约定，全面履行各自的义务。

★ **第三十条 【劳动报酬】**用人单位应当按照劳动合同约定和国家规定，向劳动者及时足额支付劳动报酬。

用人单位拖欠或者未足额支付劳动报酬的，劳动者可以依法向当地人民法院申请支付令，人民法院应当依法发出支付令。

注释

《刑法》第276条之一规定："以转移财产、逃匿等方法逃避支付劳动者的劳动报酬或者有能力支付而不支付劳动者的劳动报酬，数额较大，经政府有关部门责令支付仍不支付的，处三年以下有期徒刑或者拘役，并处或者单处罚金；造成严重后果的，处三年以上七年以下有期徒刑，并处罚金。单位犯前款罪的，对单位判处罚金，并对其直接负责的主管人员和其他直接责任人员，依照前款的规定处罚。有前两款行为，尚未造成严重后果，在提起公诉前支付劳动者的劳动报酬，并依法承担相应赔偿责任的，可以减轻或者免除处罚。”

★★ 第三十一条　【加班】用人单位应当严格执行劳动定额标准，不得强迫或者变相强迫劳动者加班。用人单位安排加班的，应当按照国家有关规定向劳动者支付加班费。

注释

《劳动法》第 44 条规定：“有下列情形之一的，用人单位应当按照下列标准支付高于劳动者正常工作时间工资的工资报酬：（一）安排劳动者延长工作时间的，支付不低于工资的百分之一百五十的工资报酬；（二）休息日安排劳动者工作又不能安排补休的，支付不低于工资的百分之二百的工资报酬；（三）法定休假日安排劳动者工作的，支付不低于工资的百分之三百的工资报酬。”

★★ 第三十二条　【劳动者拒绝违章指挥、强令冒险作业】劳动者拒绝用人单位管理人员违章指挥、强令冒险作业的，不视为违反劳动合同。

劳动者对危害生命安全和身体健康的劳动条件，有权对用人单位提出批评、检举和控告。

第三十三条　【用人单位名称、法定代表人等的变更】 用人单位变更名称、法定代表人、主要负责人或者投资人等事项，不影响劳动合同的履行。

第三十四条　【用人单位合并或者分立】 用人单位发生合并或者分立等情况，原劳动合同继续有效，劳动合同由承继其权利和义务的用人单位继续履行。

★★ **第三十五条　【劳动合同的变更】** 用人单位与劳动者协商一致，可以变更劳动合同约定的内容。变更劳动合同，应当采用书面形式。

变更后的劳动合同文本由用人单位和劳动者各执一份。

第四章　劳动合同的解除和终止

第三十六条　【协商解除劳动合同】 用人单位与劳动者协商一致，可以解除劳动合同。

★★ **第三十七条　【劳动者提前通知解除劳动合同】** 劳动者提前三十日以书面形式通知用人单位，可以解除劳动合同。劳动者在试用期内提前三日通知用人单位，可以解除劳动合同。

注释

劳动者在享有解除劳动合同自主权的同时，也应当遵守解除合同预告期，即应当提前30天通知用人单位才能有效，也就是说，劳动者在书面通知用人单位后还应继续工作至少30天，这样便于用人单位及时安排人员接替其工作，保持劳动过程的连续性，确保正常的工作秩序，避免因解除劳动合同影响企业的生产经营活动，给用人单位造成不必要的损失。

☆☆ **第三十八条　【劳动者解除劳动合同】** 用人单位有下列情形之一的，劳动者可以解除劳动合同：

（一）未按照劳动合同约定提供劳动保护或者劳动条件的；

（二）未及时足额支付劳动报酬的；

（三）未依法为劳动者缴纳社会保险费的；

（四）用人单位的规章制度违反法律、法规的规定，损害劳动者权益的；

（五）因本法第二十六条第一款规定的情形致使劳动合同无效的；

（六）法律、行政法规规定劳动者可以解除劳动合同的其他情形。

用人单位以暴力、威胁或者非法限制人身自由的手段强迫劳动者劳动的，或者用人单位违章指挥、强令冒险作业危及劳动者人身安全的，劳动者可以立即解除劳动合同，不需事先告知用人单位。

☞ **相关法条**

《劳动合同法实施条例》第 18 条

☆☆ **第三十九条　【用人单位单方解除劳动合同】**劳动者有下列情形之一的，用人单位可以解除劳动合同：

（一）在试用期间被证明不符合录用条件的；

（二）严重违反用人单位的规章制度的；

（三）严重失职，营私舞弊，给用人单位造成重大损害的；

（四）劳动者同时与其他用人单位建立劳动关系，对完成本单位的工作任务造成严重影响，或者经用人单位提出，拒不改正的；

（五）因本法第二十六条第一款第一项规定的情形致使劳动合同无效的；

（六）被依法追究刑事责任的。

注释

劳动者同时与其他用人单位建立劳动关系，即我们通常所说的“兼职”。我国有关劳动方面的法律、法规虽然没有对“兼职”作禁止性的规定，但对劳动者而言，完成本职工作，是其应尽的义务。从事兼职工作，在时间上、精神力上必然会影响到本职工作。就用人单位来讲，对一个不能全心全意为本单位工作，并严重影响到工作任务完成的人员，有权与其解除劳动合同。

☞ **相关法条**

《劳动合同法实施条例》第19条

☆☆ **第四十条　【无过失性辞退】** 有下列情形之一的，用人单位提前三十日以书面形式通知劳动者本人或者额外支付劳动者一个月工资后，可以解除劳动合同：

（一）劳动者患病或者非因工负伤，在规定的医疗期满后不能从事原工作，也不能从事由用人单位另行安排的工作的；

（二）劳动者不能胜任工作，经过培训或者调整工作岗位，仍不能胜任工作的；

（三）劳动合同订立时所依据的客观情况发生重大变化，致使劳动合同无法履行，经用人单位与劳动者协商，未能就变更劳动合同内容达成协议的。

注释

用人单位根据劳动合同履行中客观情况的变化而解除劳动合同。这里的客观情况既包括用人单位的，也有劳动者自身的原因。前者可能是由于经营上的原因发生困难，亏损或业务紧缩；也可能因为市场条件、国际竞争、技术革新等造成工作条件的改变而导致使用劳动者数量下降；后者则是由于原本胜任的工作在用人单位采取自动化或新生产技术后不能胜任，或者是因为身体原因不能胜任。本条对因客观情况变化导致劳动合同解除规定了“提前通知”或“额外支付劳动者一个月工资”。目的在于对劳动者的保护，为劳动者寻找新的工作提供必要的时间保障。

☞ 相关法条

《劳动合同法实施条例》第20条

☆☆ **第四十一条　【经济性裁员】** 有下列情形之一，需要裁减人员二十人以上或者裁减不足二十人但占企业职工总数百分之十以上的，用人单位提前三十日向工会或者全体职工说明情况，听取工会或者职工的意见后，裁减人员方案经向劳动行政部门报告，可以裁减人员：

（一）依照企业破产法规定进行重整的；

（二）生产经营发生严重困难的；

（三）企业转产、重大技术革新或者经营方式调整，经变更劳动合同后，仍需裁减人员的；

（四）其他因劳动合同订立时所依据的客观经济情况发生重大变化，致使劳动合同无法履行的。

裁减人员时，应当优先留用下列人员：

（一）与本单位订立较长期限的固定期限劳动合同的；

（二）与本单位订立无固定期限劳动合同的；

（三）家庭无其他就业人员，有需要扶养的老人或者未成年人的。

用人单位依照本条第一款规定裁减人员，在六个月内重新招用人员的，应当通知被裁减的人员，并在同等条件下优先招用被裁减的人员。

注释

《企业经济性裁减人员规定》第4条规定："用人单位确需裁减人员，应按下列程序进行：（一）提前三十日向工会或者全体职工说明情况，并提供有关生产经营状况的资料；（二）提出裁减人员方案，内容包括：被裁减人员名单，裁减时间及实施步骤，符合法律、法规规定和集体合同约定的被裁减人员经济补偿办法；（三）将裁减人员方案征求工会或者全体职工的意见，并对方案进行修改和完善；（四）向当地劳动行政部门报告裁减人员方案以及工会或者全体职工的意见，并听取劳动行政部门的意见；（五）由用人单位正式公布裁减人员方案，与被裁减人员办理解除劳动合同手续，按照有关规定向被裁减人员本人支付经济补偿金，出具裁减人员证明书。”

☆☆☆ **第四十二条　【用人单位不得解除劳动合同的情形】** 劳动者有下列情形之一的，用人单位不得依照本法第四十条、第四十一条的规定解除劳动合同：

（一）从事接触职业病危害作业的劳动者未进行离岗前职业健康检查，或者疑似职业病病人在诊断或者医学观察期间的；

（二）在本单位患职业病或者因工负伤并被确认丧失或者部分丧失劳动能力的；

（三）患病或者非因工负伤，在规定的医疗期内的；

（四）女职工在孕期、产期、哺乳期的；

（五）在本单位连续工作满十五年，且距法定退休年龄不足五年的；

（六）法律、行政法规规定的其他情形。

注释

对用人单位不得解除劳动合同规定的理解需注意以下两个方面：一是本条禁止的是用人单位单方解除劳动合同，并不禁止劳动者与用人单位协商一致解除劳动合同；二是本条的前提是用人单位不得根据劳动合同法第40条、第41条解除劳动合同，即使劳动者具备了本条规定的六种情形之一，用人单位仍可以根据劳动合同法第39条的规定解除。

第四十三条　【工会在劳动合同解除中的监督作用】用人单位单方解除劳动合同，应当事先将理由通知工会。用人单位违反法律、行政法规规定或者劳动合同约定的，工会有权要求用人单位纠正。用人单位应当研究工会的意见，并将处理结果书面通知工会。

☆ **第四十四条　【劳动合同的终止】**有下列情形之一的，劳动合同终止：

（一）劳动合同期满的；

（二）劳动者开始依法享受基本养老保险待遇的；

（三）劳动者死亡，或者被人民法院宣告死亡或者宣告失踪的；

（四）用人单位被依法宣告破产的；

（五）用人单位被吊销营业执照、责令关闭、撤销或者用人单位决定提前解散的；

（六）法律、行政法规规定的其他情形。

☞ **相关法条**

《劳动合同法实施条例》第13、21、24条

★★ **第四十五条　【劳动合同的逾期终止】** 劳动合同期满，有本法第四十二条规定情形之一的，劳动合同应当续延至相应的情形消失时终止。但是，本法第四十二条第二项规定丧失或者部分丧失劳动能力劳动者的劳动合同的终止，按照国家有关工伤保险的规定执行。

注释

职工因工致残被鉴定为五级、六级伤残的，保留与用人单位的劳动关系，由用人单位安排适当工作。难以安排工作的，由用人单位按月发给伤残津贴，标准为：五级伤残为本人工资的70%，六级伤残为本人工资的60%，并由用人单位按照规定为其缴纳应缴纳的各项社会保险费。伤残津贴实际金额低于当地最低工资标准的，由用人单位补足差额。

经工伤职工本人提出，该职工可以与用人单位解除或者终止劳动关系，由工伤保险基金支付一次性工伤医疗补助金，由用人单位支付一次性伤残就业补助金。一次性工伤医疗补助金和一次性伤残就业补助金的具体标准由省、自治区、直辖市人民政府规定。

★★ **第四十六条　【经济补偿】** 有下列情形之一的，用人单位应当向劳动者支付经济补偿：

（一）劳动者依照本法第三十八条规定解除劳动合同的；

（二）用人单位依照本法第三十六条规定向劳动者提出解除劳动合同并与劳动者协商一致解除劳动合同的；

（三）用人单位依照本法第四十条规定解除劳动合同的；

（四）用人单位依照本法第四十一条第一款规定解除劳动合同的；

（五）除用人单位维持或者提高劳动合同约定条件续订劳动合同，劳动者不同意续订的情形外，依照本法第四十四条第一项规定终止固定期限劳动合同的；

（六）依照本法第四十四条第四项、第五项规定终止劳动合同的；

（七）法律、行政法规规定的其他情形。

★★ **第四十七条　【经济补偿的计算】** 经济补偿按劳动者在本单位工作的年限，每满一年支付一个月工资的标准向劳动者支付。六个月以上不满一年的，按一年计算；不满六个月的，向劳动者支付半个月工资的经济补偿。

劳动者月工资高于用人单位所在直辖市、设区的市级人民政府公布的本地区上年度职工月平均工资三倍的，向其支付经济补偿的标准按职工月平均工资三倍的数额支付，向其支付经济补偿的年限最高不超过十二年。

本条所称月工资是指劳动者在劳动合同解除或者终止前十二个月的平均工资。

☞ **相关法条**

《劳动合同法实施条例》第10、22、23、27、31条

★★ 第四十八条 【违法解除或者终止劳动合同的法律后果】用人单位违反本法规定解除或者终止劳动合同，劳动者要求继续履行劳动合同的，用人单位应当继续履行；劳动者不要求继续履行劳动合同或者劳动合同已经不能继续履行的，用人单位应当依照本法第八十七条规定支付赔偿金。

注释

用人单位违反本法规定解除或者终止劳动合同的，首先要保护劳动者的合法劳动权益，使劳动关系“恢复原状”，不能让用人单位从违法行为中获益。同时考虑到实际情况，

应尊重劳动者有关是否继续劳动合同的选择。因此，如果劳动者权衡利弊后，要求继续履行劳动合同的，用人单位应当继续履行劳动合同；如果劳动者认为继续履行劳动合同实际困难太大，不要求继续履行劳动合同的，劳动合同可以解除或者终止，同时用人单位应当依法支付赔偿金。关于赔偿金标准，本法第 87 条规定为经济补偿标准的 2 倍。

☞ **相关法条**

《劳动合同法实施条例》第 25、32 条

第四十九条　【社会保险关系跨地区转移接续】 国家采取措施，建立健全劳动者社会保险关系跨地区转移接续制度。

第五十条　【劳动合同解除或者终止后双方的义务】 用人单位应当在解除或者终止劳动合同时出具解除或者终止劳动合同的证明，并在十五日内为劳动者办理档案和社会保险关系转移手续。

劳动者应当按照双方约定，办理工作交接。用人单位依照本法有关规定应当向劳动者支付经济补偿的，在办结工作交接时支付。

用人单位对已经解除或者终止的劳动合同的文本，至少保存二年备查。

第五章 特别规定

第一节 集体合同

★ **第五十一条 【集体合同的订立和内容】** 企业职工一方与用人单位通过平等协商，可以就劳动报酬、工作时间、休息休假、劳动安全卫生、保险福利等事项订立集体合同。集体合同草案应当提交职工代表大会或者全体职工讨论通过。

集体合同由工会代表企业职工一方与用人单位订立；尚未建立工会的用人单位，由上级工会指导劳动者推举的代表与用人单位订立。

注释

集体合同有以下特征：第一，集体合同是最低标准合同。集体合同是就劳动报酬、工作时间、休息休假、劳动安全卫生、保险福利等事项的最低标准和企业达成的协议，企业和职工个人签订的劳动合同所定的各种待遇不得低于集体合同的标准。第二，集体合同规定企业承担的义务都具有法律性质，企业不履行义务，就要承担相应的法律责任。第三，集体合同是要式合同。集体合同要以书面形式签订，并经主管机关登记备案，才具有法律效力。

第五十二条　【专项集体合同】企业职工一方与用人单位可以订立劳动安全卫生、女职工权益保护、工资调整机制等专项集体合同。

第五十三条　【行业性集体合同、区域性集体合同】在县级以下区域内，建筑业、采矿业、餐饮服务业等行业可以由工会与企业方面代表订立行业性集体合同，或者订立区域性集体合同。

★ **第五十四条　【集体合同的报送和生效】**集体合同订立后，应当报送劳动行政部门；劳动行政部门自收到集体合同文本之日起十五日内未提出异议的，集体合同即行生效。

依法订立的集体合同对用人单位和劳动者具有约束力。行业性、区域性集体合同对当地本行业、本区域的用人单位和劳动者具有约束力。

注释

集体合同订立后应当报送劳动行政部门，这是法定程序，也是集体合同生效条件。劳动行政部门有审查集体合同内容是否合法的责任，如果发现集体合同内容有违法、失实等情况，不予登记或暂缓登记，发回企业对集体合同进行修正。

经政府确认生效或依法自行生效的集体合同，签约双方应及时以适当方式向各自代表的全体成员公布。

★ **第五十五条　【集体合同中劳动报酬、劳动条件等标准】**集体合同中劳动报酬和劳动条件等标准不得低于当地人民政府规定的最低标准；用人单位与劳动者订立的劳动合同中劳动报酬和劳动条件等标准不得低于集体合同规定的标准。

第五十六条　【集体合同纠纷和法律救济】用人单位违反集体合同，侵犯职工劳动权益的，工会可以依法要求用人单位承担责任；因履行集体合同发生争议，经协商解决不成的，工会可以依法申请仲裁、提起诉讼。

第二节　劳务派遣

★ **第五十七条　【劳务派遣单位的设立】**经营劳务派遣业务应当具备下列条件：

（一）注册资本不得少于人民币二百万元；

（二）有与开展业务相适应的固定的经营场所和设施；

（三）有符合法律、行政法规规定的劳务派遣管理制度；

（四）法律、行政法规规定的其他条件。

经营劳务派遣业务，应当向劳动行政部门依法申请行政许可；经许可的，依法办理相应的公司登记。未经许可，任何单位和个人不得经营劳务派遣业务。

☆ 第五十八条 【劳务派遣单位、用工单位及劳动者的权利义务】 劳务派遣单位是本法所称用人单位，应当履行用人单位对劳动者的义务。劳务派遣单位与被派遣劳动者订立的劳动合同，除应当载明本法第十七条规定的事项外，还应当载明被派遣劳动者的用工单位以及派遣期限、工作岗位等情况。

劳务派遣单位应当与被派遣劳动者订立二年以上的固定期限劳动合同，按月支付劳动报酬；被派遣劳动者在无工作期间，劳务派遣单位应当按照所在地人民政府规定的最低工资标准，向其按月支付报酬。

注释

为解决劳务派遣中用人单位故意在劳动合同中不约定具体的合同期限，而是规定以劳务派遣单位与接受单位之间签订的劳务派遣协议中约定的工作时间或者劳务派遣工为接受单位提供劳动的实际时间为准，如果劳务派遣工在接受单位提供劳动提前结束的，劳动合同也同时结束这一做法，法律对劳务派遣的劳动合同期限作出最低期限的规定是必要的，这不仅可能解决劳动合同期限的问题，同时规定，劳动者在无工作期间，劳务派遣单位要支付不得低于劳动派遣单位所在地人民政府规定的最低工资标准的劳动报酬。这也是限制劳务派遣这种用工形式不正常发展的有效的经济手段之一。

第五十九条　【劳务派遣协议】劳务派遣单位派遣劳动者应当与接受以劳务派遣形式用工的单位（以下称用工单位）订立劳务派遣协议。劳务派遣协议应当约定派遣岗位和人员数量、派遣期限、劳动报酬和社会保险费的数额与支付方式以及违反协议的责任。

用工单位应当根据工作岗位的实际需要与劳务派遣单位确定派遣期限，不得将连续用工期限分割订立数个短期劳务派遣协议。

★★ **第六十条　【劳务派遣单位的告知义务】**劳务派遣单位应当将劳务派遣协议的内容告知被派遣劳动者。

劳务派遣单位不得克扣用工单位按照劳务派遣协议支付给被派遣劳动者的劳动报酬。

劳务派遣单位和用工单位不得向被派遣劳动者收取费用。

★ **第六十一条　【跨地区派遣劳动者的劳动报酬、劳动条件】**劳务派遣单位跨地区派遣劳动者的，被派遣劳动者享有的劳动报酬和劳动条件，按照用工单位所在地的标准执行。

★★ **第六十二条　【用工单位的义务】** 用工单位应当履行下列义务：

（一）执行国家劳动标准，提供相应的劳动条件和劳动保护；

（二）告知被派遣劳动者的工作要求和劳动报酬；

（三）支付加班费、绩效奖金，提供与工作岗位相关的福利待遇；

（四）对在岗被派遣劳动者进行工作岗位所必需的培训；

（五）连续用工的，实行正常的工资调整机制。

用工单位不得将被派遣劳动者再派遣到其他用人单位。

注释

用工单位与派遣单位订立劳务派遣协议，双方应当按照该协议履行各自义务。在用工单位方面，其应当按照劳务派遣协议的约定使用被派遣劳动者，不得将这些劳动者再派遣到其他用人单位，也就是说接受以劳务派遣形式用工的单位接受被派遣劳动者必须是用于本单位岗位。

☞ **相关法条**

《劳动合同法实施条例》第29条

★★ **第六十三条 【被派遣劳动者同工同酬】** 被派遣劳动者享有与用工单位的劳动者同工同酬的权利。用工单位应当按照同工同酬原则，对被派遣劳动者与本单位同类岗位的劳动者实行相同的劳动报酬分配办法。用工单位无同类岗位劳动者的，参照用工单位所在地相同或者相近岗位劳动者的劳动报酬确定。

劳务派遣单位与被派遣劳动者订立的劳动合同和与用工单位订立的劳务派遣协议，载明或者约定的向被派遣劳动者支付的劳动报酬应当符合前款规定。

第六十四条 【被派遣劳动者参加或者组织工会】 被派遣劳动者有权在劳务派遣单位或者用工单位依法参加或者组织工会，维护自身的合法权益。

★ **第六十五条 【劳务派遣中解除劳动合同】** 被派遣劳动者可以依照本法第三十六条、第三十八条的规定与劳务派遣单位解除劳动合同。

被派遣劳动者有本法第三十九条和第四十条第一项、第二项规定情形的，用工单位可以将劳动者退回劳务派遣单位，劳务派遣单位依照本法有关规定，可以与劳动者解除劳动合同。

注释

本条应当注意：第一，被派遣劳动者解除劳动合同要依据本法有关解除劳动合同的规定。比如，单方解除劳动合同要履行提前30日通知的义务，要做好交接工作，负有保密义务的要注意不得损害用人单位的利益。第二，用人单位与被派遣劳动者解除劳动合同，也要履行相关义务，并应当依法给予劳动者经济补偿。第三，劳动者有《劳动合同法》第39条情形的，用工单位将被派遣劳动者退回劳务派遣单位的，要将相关的证据准备充足、确凿。

★ **第六十六条 【劳务派遣的适用岗位】** 劳动合同用工是我国的企业基本用工形式。劳务派遣用工是补充形式，只能在临时性、辅助性或者替代性的工作岗位上实施。

前款规定的临时性工作岗位是指存续时间不超过六个月的岗位；辅助性工作岗位是指为主营业务岗位提供服务的非主营业务岗位；替代性工作岗位是指用工单位的劳动者因脱产学习、休假等原因无法工作的一定期间内，可以由其他劳动者替代工作的岗位。

用工单位应当严格控制劳务派遣用工数量，不得超过其用工总量的一定比例，具体比例由国务院劳动行政部门规定。

★ **第六十七条　【用人单位不得自设劳务派遣单位】**用人单位不得设立劳务派遣单位向本单位或者所属单位派遣劳动者。

生活小案例

常某于2003年10月至某工学院饮服部门工作。2012年1月1日，常某与某劳务公司签订劳务派遣合同，由该劳务公司将其派遣至原岗位工作，劳动合同期限为2012年1月1日至2014年12月31日。2014年3月1日产假期满后，常某向某工学院、某劳务公司三次邮寄安排工作岗位申请书，均未得到回复。该劳务公司成立于2011年6月29日，发起人为某招待所、胡某、某软件公司。某招待所投资人为某工学院和郑某，某工学院还持有某软件公司的股份。由于某工学院和某劳务公司拒绝为常某安排工作，常某诉至法院，请求确认其与某劳务公司签订的劳务派遣合同无效。

法院认为，某工学院与其他发起人投资设立某招待所和某软件公司，某招待所和某软件公司又与其他投资人设立某劳务公司，某工学院再将原雇用的常某改为由某劳务公司派遣至本单位，该行为违反了劳动合同法关于用人单位不得出资或合伙设立劳务派遣单位向本单位派遣劳动者的规定，常某与某劳务公司签订的派遣合同无效，常某劳动关系和劳动合同的相对人仍为某工学院，遂判决支持了常某的诉讼请求。

综上所述，用人单位或其所属单位出资或者合伙设立的劳务派遣单位，向本单位或者所属单位派遣劳动者的，劳务派遣合同无效，劳动者劳动关系的相对方仍是该实际用工单位。

☞ 相关法条

《劳动合同法实施条例》第28条

第三节　非全日制用工

★ **第六十八条　【非全日制用工的概念】** 非全日制用工，是指以小时计酬为主，劳动者在同一用人单位一般平均每日工作时间不超过四小时，每周工作时间累计不超过二十四小时的用工形式。

★★ **第六十九条　【非全日制用工的劳动合同】** 非全日制用工双方当事人可以订立口头协议。

从事非全日制用工的劳动者可以与一个或者一个以上用人单位订立劳动合同；但是，后订立的劳动合同不得影响先订立的劳动合同的履行。

注释

允许非全日制劳动者建立双重或多重劳动关系有多方面的好处：第一，劳动者可以增加收入；第二，用人单位可以降低用人成本；第三，有助于充分利用稀缺人才的特殊才能，加快经济和社会发展；第四，有助于使劳动者得到多方面的锻炼，成为复合型的高素质人才。但是，订立一个以上劳动合同的，后订立的劳动合同不得影响先订立劳动合同的履行，不得侵害到先订立的劳动合同。需要注意的是，允许非全日制用工中双重或者多重劳动关系，这里的劳动关系都是非全日制劳动关系，劳动者不能从事一项非全日制工作，同时兼另一项全日制工作。

★★ **第七十条　【非全日制用工不得约定试用期】** 非全日制用工双方当事人不得约定试用期。

★★ **第七十一条　【非全日制用工的终止用工】** 非全日制用工双方当事人任何一方都可以随时通知对方终止用工。终止用工，用人单位不向劳动者支付经济补偿。

注释

由于非全日制劳动合同可以由任何一方当事人随时通知终止，故无须适用劳动合同解除制度。在非全日制用工中，所有解除劳动合同行为，不管是出于什么原因，不管用人单位或者劳动者是否有过错，用人单位都不支付经济补偿。

★ **第七十二条　【非全日制用工的劳动报酬】** 非全日制用工小时计酬标准不得低于用人单位所在地人民

政府规定的最低小时工资标准。

非全日制用工劳动报酬结算支付周期最长不得超过十五日。

第六章 监督检查

★★ **第七十三条 【劳动合同制度的监督管理体制】** 国务院劳动行政部门负责全国劳动合同制度实施的监督管理。

县级以上地方人民政府劳动行政部门负责本行政区域内劳动合同制度实施的监督管理。

县级以上各级人民政府劳动行政部门在劳动合同制度实施的监督管理工作中，应当听取工会、企业方面代表以及有关行业主管部门的意见。

第七十四条 【劳动行政部门监督检查事项】 县级以上地方人民政府劳动行政部门依法对下列实施劳动合同制度的情况进行监督检查：

（一）用人单位制定直接涉及劳动者切身利益的规章制度及其执行的情况；

（二）用人单位与劳动者订立和解除劳动合同的情况；

（三）劳务派遣单位和用工单位遵守劳务派遣有关规定的情况；

（四）用人单位遵守国家关于劳动者工作时间和休息休假规定的情况；

（五）用人单位支付劳动合同约定的劳动报酬和执行最低工资标准的情况；

（六）用人单位参加各项社会保险和缴纳社会保险费的情况；

（七）法律、法规规定的其他劳动监察事项。

★ **第七十五条　【监督检查措施和依法行政、文明执法】** 县级以上地方人民政府劳动行政部门实施监督检查时，有权查阅与劳动合同、集体合同有关的材料，有权对劳动场所进行实地检查，用人单位和劳动者都应当如实提供有关情况和材料。

劳动行政部门的工作人员进行监督检查，应当出示证件，依法行使职权，文明执法。

注释

《劳动保障监察条例》第15条规定："劳动保障行政部门实施劳动保障监察，有权采取下列调查、检查措施：（一）进入用人单位的劳动场所进行检查；（二）就调查、检查事项询问有关人员；（三）要求用人单位提供与调查、检查事项相关的文件资料，并作出解释和说明，必要时可以发出调查询问书；（四）采取记录、录音、录像、照像或者复制等方式收集有关情况和资料；（五）委托会计师事务所对用人单位工资支付、缴纳社会保险费的情况进行审计；（六）法律、法规规定可以由劳动保障行政部门采取的其他调查、检查措施。劳动保障行政部门对事实清楚、证据确凿、可以当场处理的违反劳动保障法律、法规或者规章的行为有权当场予以纠正。”

第七十六条　【其他有关主管部门的监督管理】 县级以上人民政府建设、卫生、安全生产监督管理等有关主管部门在各自职责范围内，对用人单位执行劳动合同制度的情况进行监督管理。

☆☆ **第七十七条　【劳动者权利救济途径】** 劳动者合法权益受到侵害的，有权要求有关部门依法处理，或者依法申请仲裁、提起诉讼。

注释

根据《劳动争议调解仲裁法》第27条、第47条至第50条的规定，劳动争议申请仲裁的时效期间为1年，从当事人知道或者应当知道其权利被侵害之日起计算。对仲裁裁决不服的，可以在收到裁决书15日内，向人民法院提起诉讼。有

第49条规定的情形的可以在收到裁决书30日内向法院申请撤销裁决。

第七十八条　【工会监督检查的权利】 工会依法维护劳动者的合法权益，对用人单位履行劳动合同、集体合同的情况进行监督。用人单位违反劳动法律、法规和劳动合同、集体合同的，工会有权提出意见或者要求纠正；劳动者申请仲裁、提起诉讼的，工会依法给予支持和帮助。

★ **第七十九条　【对违法行为的举报】** 任何组织或者个人对违反本法的行为都有权举报，县级以上人民政府劳动行政部门应当及时核实、处理，并对举报有功人员给予奖励。

注释

举报为专门机关监督提供了有效的渠道和有用的线索。举报既方便了组织和个人行使监督权利，又方便了专门机关履行职能，实行专门监督，实现了群众监督和专门机关监督的有效结合。组织或者个人行使监督权利的方式可以很多，如提出建议、当面批评，或者进行工作检查等，举报只是其中的一种。举报可以通过电话举报、信函举报、传真举报、网上举报，也可以当面举报、预约举报或者认为方便的其他形式进行举报。

第七章　法律责任

第八十条　【规章制度违法的法律责任】用人单位直接涉及劳动者切身利益的规章制度违反法律、法规规定的，由劳动行政部门责令改正，给予警告；给劳动者造成损害的，应当承担赔偿责任。

第八十一条　【缺乏必备条款、不提供劳动合同文本的法律责任】用人单位提供的劳动合同文本未载明本法规定的劳动合同必备条款或者用人单位未将劳动合同文本交付劳动者的，由劳动行政部门责令改正；给劳动者造成损害的，应当承担赔偿责任。

★★ **第八十二条　【不订立书面劳动合同的法律责任】**用人单位自用工之日起超过一个月不满一年未与劳动者订立书面劳动合同的，应当向劳动者每月支付二倍的工资。

用人单位违反本法规定不与劳动者订立无固定期限劳动合同的，自应当订立无固定期限劳动合同之日起向劳动者每月支付二倍的工资。

生活小案例

2015 年 7 月 10 日，原告郑某进入被告某公司工作，担任人事经理，全面负责某公司的人事管理工作，但双方未签订书面劳动合同。2017 年 3 月 30 日，郑某向某公司递交《辞职申请表》，某公司于 4 月 3 日核准了郑某的辞职申请。郑某向某区人民法院提起诉讼，以双方没有签订劳动合同为由，要求某公司支付郑某未签订书面劳动合同的二倍工资差额。

法院认为，现实生活中，劳动者故意或过失不与用人单位签订书面劳动合同的现象大量存在。郑某全面负责某公司的人事管理工作，其明知自己没有签订书面劳动合同，而不督促某公司与其签订书面劳动合同，明显存在过错，故郑某要求某公司支付未签订书面劳动合同的二倍工资差额的请求，应不予支持。

综上所述，与包括自己在内的所有劳动者签订书面劳动合同，是企业人事经理的主要职责之一。若因为不可归责于用人单位的原因，人事经理未与用人单位签订书面劳动合同，应认定系其未履行自身工作职责所致，由其个人承担不利后果。

第八十三条　【违法约定试用期的法律责任】用人单位违反本法规定与劳动者约定试用期的，由劳动行政部门责令改正；违法约定的试用期已经履行的，由用人单位以劳动者试用期满月工资为标准，按已经履行的超过法定试用期的期间向劳动者支付赔偿金。

第八十四条 【扣押劳动者身份证等证件的法律责任】用人单位违反本法规定，扣押劳动者居民身份证等证件的，由劳动行政部门责令限期退还劳动者本人，并依照有关法律规定给予处罚。

用人单位违反本法规定，以担保或者其他名义向劳动者收取财物的，由劳动行政部门责令限期退还劳动者本人，并以每人五百元以上二千元以下的标准处以罚款；给劳动者造成损害的，应当承担赔偿责任。

劳动者依法解除或者终止劳动合同，用人单位扣押劳动者档案或者其他物品的，依照前款规定处罚。

★★ 第八十五条 【未依法支付劳动报酬、经济补偿等的法律责任】用人单位有下列情形之一的，由劳动行政部门责令限期支付劳动报酬、加班费或者经济补偿；劳动报酬低于当地最低工资标准的，应当支付其差额部分；逾期不支付的，责令用人单位按应付金额百分之五十以上百分之一百以下的标准向劳动者加付赔偿金：

（一）未按照劳动合同的约定或者国家规定及时足额支付劳动者劳动报酬的；

（二）低于当地最低工资标准支付劳动者工资的；

（三）安排加班不支付加班费的；

（四）解除或者终止劳动合同，未依照本法规定向劳动者支付经济补偿的。

注 释

责令用人单位加付赔偿金的前提，是用人单位没有按照劳动行政部门规定的履行期限履行其向劳动者支付相关费用的法定义务，如果用人单位发生本条规定的违法行为，在劳动行政部门发出限期支付劳动报酬、加班费或者解除以及终止劳动合同的经济补偿等费用的责令后，该用人单位即在劳动行政部门规定的期限内履行了其支付义务的，则不必再按应付金额50%以上100%以下的标准向劳动者加付赔偿金。

第八十六条　【订立无效劳动合同的法律责任】劳动合同依照本法第二十六条规定被确认无效，给对方造成损害的，有过错的一方应当承担赔偿责任。

★ **第八十七条　【违法解除或者终止劳动合同的法律责任】**用人单位违反本法规定解除或者终止劳动合同的，应当依照本法第四十七条规定的经济补偿标准的二倍向劳动者支付赔偿金。

★ **第八十八条 【侵害劳动者人身权益的法律责任】** 用人单位有下列情形之一的，依法给予行政处罚；构成犯罪的，依法追究刑事责任；给劳动者造成损害的，应当承担赔偿责任：

（一）以暴力、威胁或者非法限制人身自由的手段强迫劳动的；

（二）违章指挥或者强令冒险作业危及劳动者人身安全的；

（三）侮辱、体罚、殴打、非法搜查或者拘禁劳动者的；

（四）劳动条件恶劣、环境污染严重，给劳动者身心健康造成严重损害的。

注释

用人单位的行为对劳动者造成损害的，应当承担赔偿责任。这里的赔偿是对劳动者因用人单位违法行为而造成的实际损害的赔偿，既包括对劳动者直接损害的赔偿，也包括间接损害的赔偿；既包括对劳动者物质损害的赔偿，也包括精神损害的赔偿。

第八十九条 【不出具解除、终止书面证明的法律责任】 用人单位违反本法规定未向劳动者出具解除或者终止劳动合同的书面证明，由劳动行政部门责令改正；给劳动者造成损害的，应当承担赔偿责任。

第九十条　【劳动者的赔偿责任】劳动者违反本法规定解除劳动合同，或者违反劳动合同中约定的保密义务或者竞业限制，给用人单位造成损失的，应当承担赔偿责任。

第九十一条　【用人单位的连带赔偿责任】用人单位招用与其他用人单位尚未解除或者终止劳动合同的劳动者，给其他用人单位造成损失的，应当承担连带赔偿责任。

★ **第九十二条　【劳务派遣单位的法律责任】**违反本法规定，未经许可，擅自经营劳务派遣业务的，由劳动行政部门责令停止违法行为，没收违法所得，并处违法所得一倍以上五倍以下的罚款；没有违法所得的，可以处五万元以下的罚款。

劳务派遣单位、用工单位违反本法有关劳务派遣规定的，由劳动行政部门责令限期改正；逾期不改正的，以每人五千元以上一万元以下的标准处以罚款，对劳务派遣单位，吊销其劳务派遣业务经营许可证。用工单位给被派遣劳动者造成损害的，劳务派遣单位与用工单位承担连带赔偿责任。

第九十三条　【无营业执照经营单位的法律责任】对不具备合法经营资格的用人单位的违法犯罪行为，依法追究法律责任；劳动者已经付出劳动的，该单位或者其出资人应当依照本法有关规定向劳动者支付劳动报酬、经济补偿、赔偿金；给劳动者造成损害的，应当承担赔偿责任。

第九十四条　【个人承包经营者的连带赔偿责任】个人承包经营违反本法规定招用劳动者，给劳动者造成损害的，发包的组织与个人承包经营者承担连带赔偿责任。

第九十五条　【不履行法定职责、违法行使职权的法律责任】劳动行政部门和其他有关主管部门及其工作人员玩忽职守、不履行法定职责，或者违法行使职权，给劳动者或者用人单位造成损害的，应当承担赔偿责任；对直接负责的主管人员和其他直接责任人员，依法给予行政处分；构成犯罪的，依法追究刑事责任。

第八章　附　　则

★ **第九十六条　【事业单位聘用制劳动合同的法律**

适用】事业单位与实行聘用制的工作人员订立、履行、变更、解除或者终止劳动合同，法律、行政法规或者国务院另有规定的，依照其规定；未作规定的，依照本法有关规定执行。

注释

本条文规定表明，事业单位劳动合同的运行，既适用作为一般法的《劳动合同法》，也适用作为特别法的事业单位人事管理法。即在法律适用上，特别法优于一般法，一般法补充特别法。

第九十七条　【过渡性条款】本法施行前已依法订立且在本法施行之日存续的劳动合同，继续履行；本法第十四条第二款第三项规定连续订立固定期限劳动合同的次数，自本法施行后续订固定期限劳动合同时开始计算。

本法施行前已建立劳动关系，尚未订立书面劳动合同的，应当自本法施行之日起一个月内订立。

本法施行之日存续的劳动合同在本法施行后解除或者终止，依照本法第四十六条规定应当支付经济补偿的，经济补偿年限自本法施行之日起计算；本法施行前按照当时有关规定，用人单位应当向劳动者支付经济补偿的，按照当时有关规定执行。

第九十八条　【施行时间】 本法自 2008 年 1 月 1 日起施行。

▶▶小测试◀◀①

1. 试用期包含在劳动合同期限内。劳动合同仅约定试用期的，试用期不成立，该期限为劳动合同期限。(　　)
2. 劳动者违反服务期约定的，应当按照约定向用人单位支付违约金。违约金的数额不得超过用人单位提供的培训费用。(　　)
3. 用人单位拖欠或者未足额支付劳动报酬的，劳动者可以依法向当地劳动仲裁院申请支付令。(　　)
4. 下列人员不属于竞业限制的是：(　　)

   A. 高级管理人员　　　　B. 资深销售人员

   C. 高级技术人员　　　　D. 负有保密义务的人员
5. 试用期内，劳动者提前（　　）天可解除劳动合同。

   A. 1　　　　B. 3

   C. 30　　　　D. 15
6. 劳动者可以解除劳动合同的情形有：(　　)

   A. 用工单位未按照劳动合同约定提供劳动保护或者劳动条件

---

① 【答案】1. √。2. √。3. ×，解析：《劳动合同法》第 30 条第 2 款。4. B。5. B。6. ABCD。7. ABC。8. ABC。9. 以某项工作的完成。10. 劳动行政部门。

B. 用工单位未及时足额支付劳动报酬

C. 用工单位未依法为劳动者缴纳社会保险费

D. 用人单位的规章制度违反法律、法规的规定，损害劳动者权益

7. 关于试用期的期限，下列说法正确的是：（　　）

A. 劳动合同期限 3 个月以上不满 1 年的，试用期不得超过 1 个月

B. 劳动合同期限 1 年以上不满 3 年的，试用期不得超过 2 个月

C. 3 年以上固定期限和无固定期限的劳动合同，试用期不得超过 6 个月

D. 同一用人单位与同一劳动者可根据实际用工情况约定多次试用期

8. 关于经济补偿金的计算及支付，下列说法正确的是：（　　）

A. 按劳动者在本单位工作的年限，每满 1 年支付 1 个月工资的标准向劳动者支付

B. 6 个月以上不满 1 年的，按 1 年计算向劳动者支付

C. 不满 6 个月的，向劳动者支付半个月工资的经济补偿

D. 原劳动合同约定条件不变，劳动者不同意续签的，用人单位应当支付经济补偿金

9. 以完成一定工作任务为期限的劳动合同，是指用人单位与劳动者约定____为合同期限的劳动合同。

10. 经营劳务派遣业务，应当向____依法申请行政许可。

中华人民共和国
劳动争议调解仲裁法

（2007年12月29日第十届全国人民代表大会常务委员会第三十一次会议通过 2007年12月29日中华人民共和国主席令第80号公布 自2008年5月1日起施行）

第一章 总 则

第一条 【立法目的】 为了公正及时解决劳动争议，保护当事人合法权益，促进劳动关系和谐稳定，制定本法。

☆☆ **第二条 【劳动争议调解仲裁法的适用范围】** 中华人民共和国境内的用人单位与劳动者发生的下列劳动争议，适用本法：

（一）因确认劳动关系发生的争议；

（二）因订立、履行、变更、解除和终止劳动合同发生的争议；

（三）因除名、辞退和辞职、离职发生的争议；

（四）因工作时间、休息休假、社会保险、福利、培训以及劳动保护发生的争议；

（五）因劳动报酬、工伤医疗费、经济补偿或者赔偿金等发生的争议；

（六）法律、法规规定的其他劳动争议。

注释

下列纠纷不属于劳动争议：（1）劳动者请求社会保险经办机构发放社会保险金的纠纷；（2）劳动者与用人单位因住房制度改革产生的公有住房转让纠纷；（3）劳动者对劳动能力鉴定委员会的伤残等级鉴定结论或者对职业病诊断鉴定委员会的职业病诊断鉴定结论的异议纠纷；（4）家庭或者个人与家政服务人员之间的纠纷；（5）个体工匠与帮工、学徒之间的纠纷；（6）农村承包经营户与受雇人之间的纠纷。

☞ **相关法条**

《劳动争议案件问题解释（一）》第1、2条

第三条　【解决劳动争议应依据的原则】 解决劳动争议，应当根据事实，遵循合法、公正、及时、着重调解的原则，依法保护当事人的合法权益。

★ **第四条　【劳动争议的协商解决】** 发生劳动争议，劳动者可以与用人单位协商，也可以请工会或者

第三方共同与用人单位协商，达成和解协议。

注释

协商有两种方式：一是劳动者和用人单位的协商；二是劳动者可以请工会或者第三方共同与用人单位协商。协商的结果有二：一是达成和解协议，这标志着劳动争议得到了解决，双方的矛盾得到缓解，争议事项画上了圆满的句号；二是未能达成和解协议，这标志着劳动争议没有解决，双方的矛盾进一步激化，只好依法进入下一步的劳动争议处理程序。

★ **第五条 【劳动争议的调解、仲裁和诉讼】** 发生劳动争议，当事人不愿协商、协商不成或者达成和解协议后不履行的，可以向调解组织申请调解；不愿调解、调解不成或者达成调解协议后不履行的，可以向劳动争议仲裁委员会申请仲裁；对仲裁裁决不服的，除本法另有规定的外，可以向人民法院提起诉讼。

注释

我国目前的劳动争议处理制度可以用“一调一裁两审”来概括，即发生劳动争议后，当事人除先进行协商外，可以申请劳动调解，调解不成，或者不愿意调解的，当事人可以向劳动争议仲裁委员会申请仲裁；对仲裁裁决不服的，可以向人民法院提起诉讼，其诉讼程序按照民事诉讼法的规定，实行两审终审制。“一调一裁两审”的制度将仲裁作为诉讼的一个前置程序，不经仲裁，当事人不能直接向人民法院提起诉讼。

☞ **相关法条**

《劳动争议案件问题解释（一）》第4条

★ **第六条　【劳动争议的举证责任】**发生劳动争议，当事人对自己提出的主张，有责任提供证据。与争议事项有关的证据属于用人单位掌握管理的，用人单位应当提供；用人单位不提供的，应当承担不利后果。

☞ **相关法条**

《劳动争议案件问题解释（一）》第42条

第七条　【集体劳动争议】发生劳动争议的劳动者一方在十人以上，并有共同请求的，可以推举代表参加调解、仲裁或者诉讼活动。

第八条　【协调劳动关系的三方机制】县级以上人民政府劳动行政部门会同工会和企业方面代表建立协调劳动关系三方机制，共同研究解决劳动争议的重大问题。

第九条　【用人单位违法行为的行政处理】用人单位违反国家规定，拖欠或者未足额支付劳动报酬，或者拖欠工伤医疗费、经济补偿或者赔偿金的，劳动者可以向劳动行政部门投诉，劳动行政部门应当依法处理。

第二章　调　　解

★★ **第十条　【劳动争议调解组织】**发生劳动争议，当事人可以到下列调解组织申请调解：

（一）企业劳动争议调解委员会；

（二）依法设立的基层人民调解组织；

（三）在乡镇、街道设立的具有劳动争议调解职能的组织。

企业劳动争议调解委员会由职工代表和企业代表组成。职工代表由工会成员担任或者由全体职工推举产生，企业代表由企业负责人指定。企业劳动争议调解委员会主任由工会成员或者双方推举的人员担任。

注释

调解是一种以柔性方式化解矛盾的机制，调解解决纠纷，成本低，及时，灵活，可以促使当事人尽快取得谅解，减少双方的对立情绪，防止矛盾激化。在解决劳动争议中引入调解机制，把劳动争议解决在基层，化解在萌芽状态，使得劳动关系得以维持，有利于保护劳动者和用人单位双方的利益，有利于和谐劳动关系。

第十一条　【劳动争议调解组织调解员】 劳动争议调解组织的调解员应当由公道正派、联系群众、热心调解工作，并具有一定法律知识、政策水平和文化水平的成年公民担任。

★ **第十二条　【劳动争议调解申请】** 当事人申请劳动争议调解可以书面申请，也可以口头申请。口头申请的，调解组织应当当场记录申请人基本情况、申请调解的争议事项、理由和时间。

注释

实践中，调解申请书应当包括：(1) 申请人的姓名、住址和身份证号或者其他身份证件号码以及联系方式和被申请人名称、住所以及法定代表人或者主要负责人的姓名、职务等；(2) 发生争议的事实、申请人的主张和理由等。

第十三条　【调解劳动争议方法】 调解劳动争议，应当充分听取双方当事人对事实和理由的陈述，耐心疏导，帮助其达成协议。

★★ **第十四条　【调解协议书及其履行】** 经调解达成协议的，应当制作调解协议书。

调解协议书由双方当事人签名或者盖章，经调解员签名并加盖调解组织印章后生效，对双方当事人具有约束力，当事人应当履行。

自劳动争议调解组织收到调解申请之日起十五日内未达成调解协议的，当事人可以依法申请仲裁。

注释

当事人在调解组织主持下达成的具有劳动权利义务内容的调解协议，具有劳动合同的约束力，可以作为人民法院裁判的根据。

当事人在调解组织主持下仅就劳动报酬争议达成调解协议，用人单位不履行调解协议确定的给付义务，劳动者直接提起诉讼的，人民法院可以按照普通民事纠纷受理。

第十五条　【不履行调解协议的仲裁申请】 达成调解协议后，一方当事人在协议约定期限内不履行调解协议的，另一方当事人可以依法申请仲裁。

★ **第十六条　【调解协议履行中的支付令】** 因支付拖欠劳动报酬、工伤医疗费、经济补偿或者赔偿金事项达成调解协议，用人单位在协议约定期限内不履行的，劳动者可以持调解协议书依法向人民法院申请支付令。人民法院应当依法发出支付令。

注释

本条没有规定申请支付令的程序，只规定“人民法院应当依法发出支付令”，因此，可以理解为劳动者申请支付令应当适用民事诉讼法的有关规定。申请支付令的程序是：

(1) 向人民法院提交申请书。由于劳动者申请支付令的前提是达成了调解协议，因此，劳动者一般只需要提供调解协议书就可以。

(2) 向有管辖权的基层人民法院申请。申请支付令的管辖法院的确定应当根据民事诉讼法有关管辖的规定。调解协议具有合同的性质，劳动者可以按照民事诉讼法的规定确定申请支付令的管辖法院，选择用人单位所在地或者合同履行地基层人民法院管辖。如果两个以上人民法院都有管辖权的，根据民事诉讼法的规定，劳动者可以向其中一个人民法院申请支付令，劳动者向两个以上有管辖权的法院申请支付令的，由最先受理的人民法院管辖。

(3) 受理。劳动者提出申请后，人民法院应当在5日内通知劳动者是否受理。

(4) 审查和决定。人民法院受理申请后，经审查劳动者提供的事实、证据，对债权债务关系明确、合法的，应当在受理之日起15日内向用人单位发出支付令；申请不成立的，裁定予以驳回。

(5) 清偿或者提出书面异议。用人单位应当自收到支付令之日起15日内清偿债务，或者向人民法院提出书面异议。支付令发出后，用人单位要么按照支付令的要求向劳动者支付拖欠劳动报酬、工伤医疗费、经济补偿或者赔偿金，要么提出书面异议。

(6) 申请执行。用人单位在收到人民法院发出的支付令之日起15日内不提出书面异议，又不履行支付令的，劳动者可以向人民法院申请执行，人民法院应当按照民事诉讼法规定的执行程序强制执行。

☞ **相关法条**

《劳动争议案件问题解释（一）》第13条

第三章　仲　　裁

第一节　一般规定

第十七条　【劳动争议仲裁委员会的设立】 劳动争议仲裁委员会按照统筹规划、合理布局和适应实际需要的原则设立。省、自治区人民政府可以决定在市、县设立；直辖市人民政府可以决定在区、县设立。直辖市、设区的市也可以设立一个或者若干个劳动争议仲裁委员会。劳动争议仲裁委员会不按行政区划层层设立。

第十八条　【仲裁规则的制定和对劳动争议仲裁工作的指导】国务院劳动行政部门依照本法有关规定制定仲裁规则。省、自治区、直辖市人民政府劳动行政部门对本行政区域的劳动争议仲裁工作进行指导。

★★ 第十九条　【劳动争议仲裁委员会的组成和职责】劳动争议仲裁委员会由劳动行政部门代表、工会代表和企业方面代表组成。劳动争议仲裁委员会组成人员应当是单数。

劳动争议仲裁委员会依法履行下列职责：

（一）聘任、解聘专职或者兼职仲裁员；

（二）受理劳动争议案件；

（三）讨论重大或者疑难的劳动争议案件；

（四）对仲裁活动进行监督。

劳动争议仲裁委员会下设办事机构，负责办理劳动争议仲裁委员会的日常工作。

注释

劳动争议仲裁委员会依法受理劳动争议案件是其法定职责，这包括受理劳动争议当事人直接请求仲裁的争议，也包括虽经调解，但调解不成或者调解后当事人反悔而请求仲裁的争议。受理劳动争议案件不是任意的，而是要依照本法有关规定进行必要的审查，看是否存在劳动争议，争议双方是否具备主体资格，争议是否属于仲裁管辖范围，争议是否已过仲裁时效期间等。

★★ **第二十条　【劳动争议仲裁委员会仲裁员的任职条件】** 劳动争议仲裁委员会应当设仲裁员名册。

仲裁员应当公道正派并符合下列条件之一：

（一）曾任审判员的；

（二）从事法律研究、教学工作并具有中级以上职称的；

（三）具有法律知识、从事人力资源管理或者工会等专业工作满五年的；

（四）律师执业满三年的。

注释

《仲裁法》第13条规定："仲裁委员会应当从公道正派的人员中聘任仲裁员。仲裁员应当符合下列条件之一：（一）通过国家统一法律职业资格考试取得法律职业资格，从事仲裁工作满八年的；（二）从事律师工作满八年的；（三）曾任法官满八年的；（四）从事法律研究、教学工作并具有高级职称的；（五）具有法律知识、从事经济贸易等专业工作并具有高级职称或者具有同等专业水平的。仲裁委员会按照不同专业设仲裁员名册。”

★★ **第二十一条　【劳动争议仲裁管辖】**劳动争议仲裁委员会负责管辖本区域内发生的劳动争议。

劳动争议由劳动合同履行地或者用人单位所在地的劳动争议仲裁委员会管辖。双方当事人分别向劳动合同履行地和用人单位所在地的劳动争议仲裁委员会申请仲裁的，由劳动合同履行地的劳动争议仲裁委员会管辖。

注释

劳动合同履行地为劳动者实际工作场所地，用人单位所在地为用人单位注册、登记地或者主要办事机构所在地。用人单位未经注册、登记的，其出资人、开办单位或者主管部门所在地为用人单位所在地。

第二十二条　【劳动争议仲裁案件的当事人】发

生劳动争议的劳动者和用人单位为劳动争议仲裁案件的双方当事人。

劳务派遣单位或者用工单位与劳动者发生劳动争议的，劳务派遣单位和用工单位为共同当事人。

☞ **相关法条**

《劳动争议案件问题解释（一）》第26~31条

第二十三条　【劳动争议案件的第三人】与劳动争议案件的处理结果有利害关系的第三人，可以申请参加仲裁活动或者由劳动争议仲裁委员会通知其参加仲裁活动。

★ **第二十四条　【劳动争议案件的委托代理人】**当事人可以委托代理人参加仲裁活动。委托他人参加仲裁活动，应当向劳动争议仲裁委员会提交有委托人签名或者盖章的委托书，委托书应当载明委托事项和权限。

注释

当事人向劳动争议仲裁委员会提交的授权委托书应当明确委托事项和权限。根据民事诉讼法对委托代理的规定，结合代理的有关理论，委托代理人代理仲裁活动时，代为承认、放弃、变更仲裁请求，进行和解、调解的必须有委托人的特别授权。委托仲裁代理人是根据当事人、法定代理人、法定代表人的授权委托而代为进行仲裁活动的，委托代理人只有在代理权限范围内进行的代理行为所产生的法律后果才能由被代理人承担。因此，应当在委托书中写明代理权限，是委托其代理整个仲裁活动中的一项或几项仲裁行为，还是所有的仲裁行为。

第二十五条　【劳动争议案件的法定代理人和指定代理人】 丧失或者部分丧失民事行为能力的劳动者，由其法定代理人代为参加仲裁活动；无法定代理人的，由劳动争议仲裁委员会为其指定代理人。劳动者死亡的，由其近亲属或者代理人参加仲裁活动。

第二十六条　【劳动争议仲裁公开审理】 劳动争议仲裁公开进行，但当事人协议不公开进行或者涉及国家秘密、商业秘密和个人隐私的除外。

第二节　申请和受理

☆☆ **第二十七条　【劳动争议仲裁时效】** 劳动争议申请仲裁的时效期间为一年。仲裁时效期间从当事人知道或者应当知道其权利被侵害之日起计算。

前款规定的仲裁时效，因当事人一方向对方当事人主张权利，或者向有关部门请求权利救济，或者对方当事人同意履行义务而中断。从中断时起，仲裁时效期间重新计算。

因不可抗力或者有其他正当理由，当事人不能在本条第一款规定的仲裁时效期间申请仲裁的，仲裁时效中止。从中止时效的原因消除之日起，仲裁时效期间继续计算。

劳动关系存续期间因拖欠劳动报酬发生争议的，劳动者申请仲裁不受本条第一款规定的仲裁时效期间的限制；但是，劳动关系终止的，应当自劳动关系终止之日起一年内提出。

注释

我国现行《劳动法》第 82 条规定，提出仲裁要求的一方应当自劳动争议发生之日起 60 日内向劳动争议仲裁委员会提出书面申请。现本法将该时效期限规定为 1 年。根据《中华人民共和国立法法》第 83 条的规定，本法自 2008 年 5 月 1 日起施行之后，仲裁时效应当按照本法的新规定执行。

★ **第二十八条　【仲裁申请和应载明的事项】** 申请人申请仲裁应当提交书面仲裁申请，并按照被申请人人数提交副本。

仲裁申请书应当载明下列事项：

（一）劳动者的姓名、性别、年龄、职业、工作单位和住所，用人单位的名称、住所和法定代表人或者主要负责人的姓名、职务；

（二）仲裁请求和所根据的事实、理由；

（三）证据和证据来源、证人姓名和住所。

书写仲裁申请确有困难的，可以口头申请，由劳动争议仲裁委员会记入笔录，并告知对方当事人。

★ **第二十九条　【仲裁申请的受理】**劳动争议仲裁委员会收到仲裁申请之日起五日内，认为符合受理条件的，应当受理，并通知申请人；认为不符合受理条件的，应当书面通知申请人不予受理，并说明理由。对劳动争议仲裁委员会不予受理或者逾期未作出决定的，申请人可以就该劳动争议事项向人民法院提起诉讼。

注释

如果劳动争议仲裁委员会不予受理或者超过了5日没有向申请人出具不予受理通知书的，当事人即可以就劳动争议的内容向人民法院提起诉讼，进入诉讼程序，由人民法院审理劳动争议案件。应当注意的是，本法没有对不予受理或者逾期未作出是否受理决定的情况下，申请人向法院提出诉讼的期间作出规定。应当理解为提起诉讼的期间适用民事诉讼时效的规定。

☞ **相关法条**

《劳动争议案件问题解释（一）》第5~12条

第三十条　【仲裁申请的送达和答辩】劳动争议仲裁委员会受理仲裁申请后，应当在五日内将仲裁申请书副本送达被申请人。

被申请人收到仲裁申请书副本后，应当在十日内向劳动争议仲裁委员会提交答辩书。劳动争议仲裁委员会收到答辩书后，应当在五日内将答辩书副本送达申请人。被申请人未提交答辩书的，不影响仲裁程序的进行。

第三节　开庭和裁决

第三十一条　【劳动争议仲裁庭】劳动争议仲裁委员会裁决劳动争议案件实行仲裁庭制。仲裁庭由三名仲裁员组成，设首席仲裁员。简单劳动争议案件可以由一名仲裁员独任仲裁。

第三十二条　【劳动争议仲裁庭的组庭通知】劳动争议仲裁委员会应当在受理仲裁申请之日起五日内将仲裁庭的组成情况书面通知当事人。

★ **第三十三条　【仲裁员的回避】**仲裁员有下列情形之一，应当回避，当事人也有权以口头或者书面方式提出回避申请：

（一）是本案当事人或者当事人、代理人的近亲属的；

（二）与本案有利害关系的；

（三）与本案当事人、代理人有其他关系，可能影响公正裁决的；

（四）私自会见当事人、代理人，或者接受当事人、代理人的请客送礼的。

劳动争议仲裁委员会对回避申请应当及时作出决定，并以口头或者书面方式通知当事人。

注释

本条第1款第（3）项中的“其他关系”主要指以下几种情况：是当事人的朋友、亲戚、同学、同事等，或者曾经与当事人有过恩怨、与当事人有借贷关系等。“可能影响公正仲裁的”是“与本案当事人、代理人有其他关系”而应当回避的必要条件，即只有在可能影响公正处理案件的情况下，才适用回避。如仲裁员是当事人的朋友，则要看这种关系是否影响案件的公正审理，来决定是否回避。

第三十四条　【仲裁员违法行为的处理】仲裁员有本法第三十三条第四项规定情形，或者有索贿受贿、徇私舞弊、枉法裁决行为的，应当依法承担法律责任。劳动争议仲裁委员会应当将其解聘。

★ **第三十五条 【仲裁庭开庭】** 仲裁庭应当在开庭五日前，将开庭日期、地点书面通知双方当事人。当事人有正当理由的，可以在开庭三日前请求延期开庭。是否延期，由劳动争议仲裁委员会决定。

注释

当事人在法定期限内提出延期开庭的请求后，并不必然会导致仲裁开庭延期进行，而是由劳动争议仲裁委员会根据对当事人的申请是否有正当理由的判断，作出是否同意延期开庭的决定。

★★ **第三十六条 【当事人拒不到庭或中途退庭的处理】** 申请人收到书面通知，无正当理由拒不到庭或者未经仲裁庭同意中途退庭的，可以视为撤回仲裁申请。

被申请人收到书面通知，无正当理由拒不到庭或者未经仲裁庭同意中途退庭的，可以缺席裁决。

注释

视为撤回仲裁申请，是指劳动争议仲裁的申请人虽然未主动提出撤回仲裁的申请，但是，申请人出现法律规定的情形且行为已经表明其不愿意继续进行仲裁的，可以按照申请人撤回仲裁申请处理，从而终结对劳动争议案件的仲裁。

缺席裁决，是指只有一方当事人到庭参与仲裁审理时，仲裁庭仅就到庭的一方当事人进行调查、审查核实证据，听取意见，并对未到庭一方当事人提供的书面资料进行审查后，即作出仲裁裁决的仲裁活动。

第三十七条　【专门性问题的鉴定】仲裁庭对专门性问题认为需要鉴定的，可以交由当事人约定的鉴定机构鉴定；当事人没有约定或者无法达成约定的，由仲裁庭指定的鉴定机构鉴定。

根据当事人的请求或者仲裁庭的要求，鉴定机构应当派鉴定人参加开庭。当事人经仲裁庭许可，可以向鉴定人提问。

★★ **第三十八条　【当事人质证和辩论】**当事人在仲裁过程中有权进行质证和辩论。质证和辩论终结时，首席仲裁员或者独任仲裁员应当征询当事人的最后意见。

注释

质证时，当事人应当围绕证据的真实性、关联性、合法性，针对证据证明力有无以及证明力大小，进行质疑、说明与辩驳。质证应按下列顺序进行：（1）申请人出示证据，被申请人、第三人与申请人进行质证；（2）被申请人出示证据，申请人、第三人与被申请人进行质证；（3）第三人出示证据，申请人、被申请人与第三人进行质证。案件有两个以上独立的请求的，当事人可以逐个出示证据进行质证。仲裁庭应当将当事人的质证情况记入笔录，并由当事人核对后签名或者盖章。

第三十九条　【庭审证据的查证】 当事人提供的证据经查证属实的，仲裁庭应当将其作为认定事实的根据。

劳动者无法提供由用人单位掌握管理的与仲裁请求有关的证据，仲裁庭可以要求用人单位在指定期限内提供。用人单位在指定期限内不提供的，应当承担不利后果。

第四十条　【庭审笔录】 仲裁庭应当将开庭情况记入笔录。当事人和其他仲裁参加人认为对自己陈述的记录有遗漏或者差错的，有权申请补正。如果不予补正，应当记录该申请。

笔录由仲裁员、记录人员、当事人和其他仲裁参加人签名或者盖章。

第四十一条　【当事人自行和解】 当事人申请劳动争议仲裁后，可以自行和解。达成和解协议的，可以撤回仲裁申请。

★ **第四十二条　【仲裁庭先行调解】**仲裁庭在作出裁决前，应当先行调解。

调解达成协议的，仲裁庭应当制作调解书。

调解书应当写明仲裁请求和当事人协议的结果。调解书由仲裁员签名，加盖劳动争议仲裁委员会印章，送达双方当事人。调解书经双方当事人签收后，发生法律效力。

调解不成或者调解书送达前，一方当事人反悔的，仲裁庭应当及时作出裁决。

注释

仲裁调解书的法律效力主要表现在以下几个方面：(1) 使仲裁程序终结。调解书一经生效，仲裁程序即告结束，仲裁机构便不再对该案进行审理。这是调解书在程序上的法律后果。(2) 纠纷当事人的权利义务关系被确定。这是调解书在实体上的法律后果。(3) 任何机关或组织都要在重新处理该案方面受调解书约束。也就是说，对于仲裁机构出具了调解书的争议，任何机关或组织都不得再做处理。

☞ **相关法条**

《劳动争议案件问题解释（一）》第11条

★★ **第四十三条　【仲裁庭审理期限和部分先行裁**

决】仲裁庭裁决劳动争议案件，应当自劳动争议仲裁委员会受理仲裁申请之日起四十五日内结束。案情复杂需要延期的，经劳动争议仲裁委员会主任批准，可以延期并书面通知当事人，但是延长期限不得超过十五日。逾期未作出仲裁裁决的，当事人可以就该劳动争议事项向人民法院提起诉讼。

仲裁庭裁决劳动争议案件时，其中一部分事实已经清楚，可以就该部分先行裁决。

★★ **第四十四条　【仲裁裁决先予执行】** 仲裁庭对追索劳动报酬、工伤医疗费、经济补偿或者赔偿金的案件，根据当事人的申请，可以裁决先予执行，移送人民法院执行。

仲裁庭裁决先予执行的，应当符合下列条件：

（一）当事人之间权利义务关系明确；

（二）不先予执行将严重影响申请人的生活。

劳动者申请先予执行的，可以不提供担保。

生活小案例

当事人不服劳动争议仲裁委员会作出的预先支付劳动者劳动报酬、工伤医疗费、经济补偿或者赔偿金的裁决，人民法院是否应予受理？

不予受理。但如果是用人单位不履行上述裁决中的给付义务，劳动者依法向人民法院申请强制执行的，人民法院应予受理。

☞ **相关法条**

《劳动争议案件问题解释（一）》第10条

第四十五条　【裁决的多数原则】裁决应当按照多数仲裁员的意见作出，少数仲裁员的不同意见应当记入笔录。仲裁庭不能形成多数意见时，裁决应当按照首席仲裁员的意见作出。

第四十六条　【裁决书内容】裁决书应当载明仲裁请求、争议事实、裁决理由、裁决结果和裁决日期。裁决书由仲裁员签名，加盖劳动争议仲裁委员会印章。对裁决持不同意见的仲裁员，可以签名，也可以不签名。

★★ **第四十七条　【终局裁决】**下列劳动争议，除本法另有规定的外，仲裁裁决为终局裁决，裁决书自作出之日起发生法律效力：

（一）追索劳动报酬、工伤医疗费、经济补偿或者赔偿金，不超过当地月最低工资标准十二个月金额的争议；

（二）因执行国家的劳动标准在工作时间、休息休假、社会保险等方面发生的争议。

注释

一裁终局制度是劳动争议经仲裁庭裁决后即行终结的制度。它包括五层含义：一是本条中的“除本法另有规定的外”是指本法第48条的规定，劳动者对本条规定的仲裁裁决不服的，可以向法院提起诉讼。二是一裁终局有范围限制。一裁终局仅限于小额和标准明确的仲裁案件。三是裁决书自作出之日起发生法律效力。四是仲裁裁决发生法律效力后，当事人不得就同一争议事项再向仲裁委员会申请仲裁或向法院起诉。五是仲裁裁决发生法律效力后，当事人应当依照规定的期限履行。

☞ **相关法条**

《劳动争议案件问题解释（一）》第18条

第四十八条　【劳动者对仲裁裁决不服的起诉】 劳动者对本法第四十七条规定的仲裁裁决不服的，可以自收到仲裁裁决书之日起十五日内向人民法院提起诉讼。

★ **第四十九条　【用人单位申请撤销仲裁裁决】** 用人单位有证据证明本法第四十七条规定的仲裁裁决有下列情形之一，可以自收到仲裁裁决书之日起三十日内向劳动争议仲裁委员会所在地的中级人民法院申请撤销裁决：

（一）适用法律、法规确有错误的；

（二）劳动争议仲裁委员会无管辖权的；

（三）违反法定程序的；

（四）裁决所根据的证据是伪造的；

（五）对方当事人隐瞒了足以影响公正裁决的证据的；

（六）仲裁员在仲裁该案时有索贿受贿、徇私舞弊、枉法裁决行为的。

人民法院经组成合议庭审查核实裁决有前款规定情形之一的，应当裁定撤销。

仲裁裁决被人民法院裁定撤销的，当事人可以自收到裁定书之日起十五日内就该劳动争议事项向人民法院提起诉讼。

☞ **相关法条**

《劳动争议案件问题解释（一）》第22条

★ **第五十条　【当事人对仲裁裁决不服提起诉讼的时效】** 当事人对本法第四十七条规定以外的其他劳动争议案件的仲裁裁决不服的，可以自收到仲裁裁决书之日起十五日内向人民法院提起诉讼；期满不起诉的，裁决书发生法律效力。

注释

对一裁终局以外的其他劳动争议，当事人不愿协商、协商不成或者达成和解协议后不履行的，可以向调解组织申请调解；不愿调解、调解不成或者达成调解协议后不履行的，可以向劳动争议仲裁委员会申请仲裁；对仲裁裁决不服的，可以向人民法院提起诉讼。即采用“一调一裁两审，仲裁前置”的模式。

★ **第五十一条　【生效调解书、裁决书的履行】**当事人对发生法律效力的调解书、裁决书，应当依照规定的期限履行。一方当事人逾期不履行的，另一方当事人可以依照民事诉讼法的有关规定向人民法院申请执行。受理申请的人民法院应当依法执行。

注释

《最高人民法院关于审理劳动争议案件适用法律问题的解释（一）》第24条规定：“当事人申请人民法院执行劳动争议仲裁机构作出的发生法律效力的裁决书、调解书，被申请人提出证据证明劳动争议仲裁裁决书、调解书有下列情形之一，并经审查核实的，人民法院可以根据民事诉讼法第二百三十七条规定，裁定不予执行：（一）裁决的事项不属于劳动争议仲裁范围，或者劳动争议仲裁机构无权仲裁的；

（二）适用法律、法规确有错误的；（三）违反法定程序的；（四）裁决所根据的证据是伪造的；（五）对方当事人隐瞒了足以影响公正裁决的证据的；（六）仲裁员在仲裁该案时有索贿受贿、徇私舞弊、枉法裁决行为的；（七）人民法院认定执行该劳动争议仲裁裁决违背社会公共利益的。人民法院在不予执行的裁定书中，应当告知当事人在收到裁定书之次日起三十日内，可以就该劳动争议事项向人民法院提起诉讼。”

第四章　附　　则

第五十二条　【事业单位聘用制人员劳动争议的处理】 事业单位实行聘用制的工作人员与本单位发生劳动争议的，依照本法执行；法律、行政法规或者国务院另有规定的，依照其规定。

★★ **第五十三条　【劳动争议仲裁费用】** 劳动争议仲裁不收费。劳动争议仲裁委员会的经费由财政予以保障。

第五十四条　【劳动争议调解仲裁法的施行日期】 本法自 2008 年 5 月 1 日起施行。

▶▶小测试◀◀①

1. 达成调解协议后，一方当事人在协议约定期限内不履行调解协议的，另一方当事人可以依法申请仲裁。(　　)

2. 仲裁审理时限最长不超过（　　）日。

   A. 15　　　　B. 45

   C. 60　　　　D. 90

3. 劳动争议仲裁委员会依法履行的职责有：(　　)

   A. 聘任、解聘专职或者兼职仲裁员

   B. 受理劳动争议案件

   C. 讨论重大或者疑难的劳动争议案件

   D. 对仲裁活动进行监督

4. 劳动争议由____或者____的劳动争议仲裁委员会管辖。

5. 委托他人参加仲裁活动，应当向劳动争议仲裁委员会提交有委托人____的委托书，委托书应当载明____。

① 【答案】1. √。2. C。3. ABCD。4. 劳动合同履行地；用人单位所在地。5. 签名或盖章；委托事项和权限。

中华人民共和国社会保险法

（2010年10月28日第十一届全国人民代表大会常务委员会第十七次会议通过　根据2018年12月29日第十三届全国人民代表大会常务委员会第七次会议《关于修改〈中华人民共和国社会保险法〉的决定》修正）

第一章　总　　则

第一条　为了规范社会保险关系，维护公民参加社会保险和享受社会保险待遇的合法权益，使公民共享发展成果，促进社会和谐稳定，根据宪法，制定本法。

★ **第二条**　国家建立基本养老保险、基本医疗保险、工伤保险、失业保险、生育保险等社会保险制度，保障公民在年老、疾病、工伤、失业、生育等情况下依法从国家和社会获得物质帮助的权利。

注释

本条是关于国家建立社会保险制度的规定。建立社会保险制度是现代文明的标志。完善的社会保险制度是社会主义市场经济体制的重要支柱，是治国安邦的根本大计。社会保险制度对改善公民对改革的心理预期，增加即期消费，实现劳动力的合理流动，解决人口老龄化带来的各种问题，促进经济社会的发展，构建社会主义和谐社会具有十分重要的意义。

第三条 社会保险制度坚持广覆盖、保基本、多层次、可持续的方针，社会保险水平应当与经济社会发展水平相适应。

★ **第四条** 中华人民共和国境内的用人单位和个人依法缴纳社会保险费，有权查询缴费记录、个人权益记录，要求社会保险经办机构提供社会保险咨询等相关服务。

个人依法享受社会保险待遇，有权监督本单位为其缴费情况。

注释

社会保险关系是指社会保险主体在社会保险活动中所形成的权利义务关系。用人单位和个人的权利和义务是本法调整的重点。这种权利和义务关系具有以下两层含义：一是用人单位和个人既享有权利又承担义务；二是用人单位和个人，主要是个人权利的行使需要政府、社会保险费征收机构承担义务来保障。

第五条 县级以上人民政府将社会保险事业纳入国民经济和社会发展规划。

国家多渠道筹集社会保险资金。县级以上人民政府对社会保险事业给予必要的经费支持。

国家通过税收优惠政策支持社会保险事业。

★ **第六条** 国家对社会保险基金实行严格监管。

国务院和省、自治区、直辖市人民政府建立健全社会保险基金监督管理制度，保障社会保险基金安全、有效运行。

县级以上人民政府采取措施，鼓励和支持社会各方面参与社会保险基金的监督。

注释

社会保险基金监督有以下特点：（1）监督主体多元化。国家对社会保险基金实行严格监管。社会保险基金监督管理制度按照主体不同，可以分为：人大监督；行政监督；社会监督。（2）全过程监督。对社会保险基金的收支、管理和投资运营情况的监督涵盖了社会保险基金事前、事中、事后的全方位运作。(3) 监督的目的是保证社会保险基金安全、有效运行。社会保险基金安全是第一位的，只有在保证社会保险基金安全的基础上，才能审慎提高社会保险基金的运行效率。

第七条 国务院社会保险行政部门负责全国的社会保险管理工作，国务院其他有关部门在各自的职责范围内负责有关的社会保险工作。

县级以上地方人民政府社会保险行政部门负责本行政区域的社会保险管理工作，县级以上地方人民政府其他有关部门在各自的职责范围内负责有关的社会保险工作。

第八条 社会保险经办机构提供社会保险服务，负责社会保险登记、个人权益记录、社会保险待遇支付等工作。

第九条 工会依法维护职工的合法权益，有权参与社会保险重大事项的研究，参加社会保险监督委员会，对与职工社会保险权益有关的事项进行监督。

第二章　基本养老保险

☆☆ **第十条**　职工应当参加基本养老保险，由用人单位和职工共同缴纳基本养老保险费。

无雇工的个体工商户、未在用人单位参加基本养老保险的非全日制从业人员以及其他灵活就业人员可以参加基本养老保险，由个人缴纳基本养老保险费。

公务员和参照公务员法管理的工作人员养老保险的办法由国务院规定。

注释

灵活就业，是与正规就业相对而言的就业状态。按照有关政策文件的规定，主要是指在劳动时间、收入报酬、工作场所、保险福利、劳动关系等方面不同于建立在工业化和现代工厂制度基础上的传统主流就业方式的各种就业形式的总称。灵活就业的形式主要有以下几种类型：(1) 非正规部门就业，即劳动标准、生产组织管理及劳动关系运作等均达不到一般企业标准的用工和就业形式。例如，家庭作坊式的就业。(2) 自雇型就业，有个体经营和合伙经营两种类型。(3) 自主就业，如自由职业者、自由撰稿人、个体演员、模特、独立的中介服务工作者等。(4) 临时就业，如家庭小时工、街头小贩、其他类型的打零工者。

★★ **第十一条** 基本养老保险实行社会统筹与个人账户相结合。

基本养老保险基金由用人单位和个人缴费以及政府补贴等组成。

第十二条 用人单位应当按照国家规定的本单位职工工资总额的比例缴纳基本养老保险费，记入基本养老保险统筹基金。

职工应当按照国家规定的本人工资的比例缴纳基本养老保险费，记入个人账户。

无雇工的个体工商户、未在用人单位参加基本养老保险的非全日制从业人员以及其他灵活就业人员参加基本养老保险的，应当按照国家规定缴纳基本养老保险费，分别记入基本养老保险统筹基金和个人账户。

第十三条 国有企业、事业单位职工参加基本养老保险前，视同缴费年限期间应当缴纳的基本养老保险费由政府承担。

基本养老保险基金出现支付不足时，政府给予补贴。

★★ **第十四条** 个人账户不得提前支取，记账利率不得低于银行定期存款利率，免征利息税。个人死亡的，个人账户余额可以继承。

注释

个人账户养老金不得提前支取。个人账户养老金是个人工作期间为退休后养老积蓄的资金，是基本养老保险待遇的重要组成部分，是国家强制提取的，退休前个人不得提前支取，尤其是在目前名义账户下，这部分资金实际上用于支付当期退休人员的基本养老待遇，如果提前支取，养老保险基金会有很大的资金缺口，基金支出会出现困难。但是，个人死亡的，其个人账户余额中的个人缴费部分可以继承，单位缴费部分不能继承，应当并入统筹基金。

★ **第十五条** 基本养老金由统筹养老金和个人账户养老金组成。

基本养老金根据个人累计缴费年限、缴费工资、当地职工平均工资、个人账户金额、城镇人口平均预期寿命等因素确定。

注释

基本养老金由两部分组成：一部分是由统筹基金支付的统筹养老金，一部分是由个人账户支付的个人账户养老金。基本养老金的构成反映了我国基本养老保险制度的理念——社会互济和个人责任相结合。

第十六条 参加基本养老保险的个人，达到法定退休年龄时累计缴费满十五年的，按月领取基本养老金。

参加基本养老保险的个人，达到法定退休年龄时累计缴费不足十五年的，可以缴费至满十五年，按月领取基本养老金；也可以转入新型农村社会养老保险或者城镇居民社会养老保险，按照国务院规定享受相应的养老保险待遇。

★★ **第十七条** 参加基本养老保险的个人，因病或者非因工死亡的，其遗属可以领取丧葬补助金和抚恤金；在未达到法定退休年龄时因病或者非因工致残完全丧失劳动能力的，可以领取病残津贴。所需资金从基本养老保险基金中支付。

注释

病残津贴是基本养老保险基金对未达到法定退休年龄时因病或者非因工致残、完全丧失劳动能力的参保人员的基本生活费。参保人员未达到法定退休年龄时，因不符合待遇领取条件而不能享受养老保险待遇。如果因病或非因工致残完全丧失劳动能力，不能工作，生活就失去了经济来源，只能依据其他家庭成员，如果参保人员同时是家庭的主要经济来源，整个家庭就会陷入困境。参保人员参加了基本养老保险，缴纳了基本养老保险费，在其完全丧失劳动能力、失去生活来源时，养老保险基金应当给予帮助。

第十八条 国家建立基本养老金正常调整机制。根据职工平均工资增长、物价上涨情况，适时提高基本养老保险待遇水平。

第十九条 个人跨统筹地区就业的，其基本养老保险关系随本人转移，缴费年限累计计算。个人达到法定退休年龄时，基本养老金分段计算、统一支付。具体办法由国务院规定。

★★ **第二十条** 国家建立和完善新型农村社会养老保险制度。

新型农村社会养老保险实行个人缴费、集体补助和政府补贴相结合。

注释

参加城乡居民养老保险的人员应当按规定缴纳养老保险费。个人缴费标准目前设为每年100元、200元、300元、400元、500元、600元、700元、800元、900元、1000元、1500元、2000元12个档次，省（区、市）人民政府可以根据实际情况增设缴费档次，最高缴费档次标准原则上不超过当地灵活就业人员参加职工基本养老保险的年缴费额，并报人力资源社会保障部备案。人力资源社会保障部会同财政部依据城乡居民收入增长等情况适时调整缴费档次标准。参保人自主选择档次缴费，多缴多得。

★★ **第二十一条** 新型农村社会养老保险待遇由基础养老金和个人账户养老金组成。

参加新型农村社会养老保险的农村居民，符合国家规定条件的，按月领取新型农村社会养老保险待遇。

第二十二条 国家建立和完善城镇居民社会养老保险制度。

省、自治区、直辖市人民政府根据实际情况，可以将城镇居民社会养老保险和新型农村社会养老保险合并实施。

第三章 基本医疗保险

★★ **第二十三条** 职工应当参加职工基本医疗保险，由用人单位和职工按照国家规定共同缴纳基本医疗保险费。

无雇工的个体工商户、未在用人单位参加职工基本医疗保险的非全日制从业人员以及其他灵活就业人员可以参加职工基本医疗保险，由个人按照国家规定缴纳基本医疗保险费。

注释

基本医疗保险费由用人单位和职工双方共同负担。用人单位缴费率控制在职工工资总额的6%左右，职工缴费率一般为本人工资收入的2%。具体缴费比例由各统筹地区根据实际情况确定。基本医疗保险基金由统筹基金和个人账户构成。职工个人缴纳的基本医疗保险费，全部计入个人账户。用人单位缴纳的基本医疗保险费分为两部分，一部分用于建立统筹基金，一部分划入个人账户。划入个人账户的比例一般为用人单位缴费的30%左右。

★ **第二十四条** 国家建立和完善新型农村合作医疗制度。

新型农村合作医疗的管理办法，由国务院规定。

第二十五条 国家建立和完善城镇居民基本医疗保险制度。

城镇居民基本医疗保险实行个人缴费和政府补贴相结合。

享受最低生活保障的人、丧失劳动能力的残疾人、低收入家庭六十周岁以上的老年人和未成年人等所需个人缴费部分，由政府给予补贴。

第二十六条 职工基本医疗保险、新型农村合作医疗和城镇居民基本医疗保险的待遇标准按照国家规定执行。

★ **第二十七条** 参加职工基本医疗保险的个人，达到法定退休年龄时累计缴费达到国家规定年限的，退休后不再缴纳基本医疗保险费，按照国家规定享受基本医疗保险待遇；未达到国家规定年限的，可以缴费至国家规定年限。

注释

职工在年轻、健康时参加医疗保险，由其个人和所在单位共同缴纳医疗保险费，一方面是承担了社会责任，为医疗保险基金能够发挥统筹调剂，均衡医疗费用负担，分散医疗风险的功能做出了贡献；另一方面也为自己在年老、多病时积累了医疗保险基金，其退休后有权享受相应的医疗保险待遇，不需要再尽缴费的义务。

★★ **第二十八条** 符合基本医疗保险药品目录、诊疗项目、医疗服务设施标准以及急诊、抢救的医疗费用，按照国家规定从基本医疗保险基金中支付。

第二十九条 参保人员医疗费用中应当由基本医

疗保险基金支付的部分，由社会保险经办机构与医疗机构、药品经营单位直接结算。

社会保险行政部门和卫生行政部门应当建立异地就医医疗费用结算制度，方便参保人员享受基本医疗保险待遇。

第三十条 下列医疗费用不纳入基本医疗保险基金支付范围：

（一）应当从工伤保险基金中支付的；

（二）应当由第三人负担的；

（三）应当由公共卫生负担的；

（四）在境外就医的。

医疗费用依法应当由第三人负担，第三人不支付或者无法确定第三人的，由基本医疗保险基金先行支付。基本医疗保险基金先行支付后，有权向第三人追偿。

注释

医疗费用“应当由第三人负担的”，这主要是指由于第三人侵权，导致参保人员的人身受到伤害而产生的医疗费用。基本医疗保险基金先行支付后，医疗保险经办机构从受害的参保人员那里取得代位追偿权，有权向第三人，即侵权人就其应当支付的医疗费用进行追偿。

第三十一条 社会保险经办机构根据管理服务的需要，可以与医疗机构、药品经营单位签订服务协议，规范医疗服务行为。

医疗机构应当为参保人员提供合理、必要的医疗服务。

第三十二条 个人跨统筹地区就业的，其基本医疗保险关系随本人转移，缴费年限累计计算。

第四章 工伤保险

★★ **第三十三条** 职工应当参加工伤保险，由用人单位缴纳工伤保险费，职工不缴纳工伤保险费。

注释

工伤保险实行用人单位单方缴费制度。用人单位单方缴费体现了工伤保险的雇主责任制。工伤是因职业带来的风险造成的，因此，用人单位有义务保障本单位职工的基本权利，使其在遇到工伤事故时能够在就医、生活等方面有所保障。但是，如果职工发生工伤后的待遇保障全部由用人单位来承担，将导致用人单位的经营风险过高，不利于社会经济的健康发展。为使用人单位既能履行保障本单位职工合法权益的义务，同时又能分散经营风险，本条规定由用人单位为本单位职工缴纳工伤保险费，职工在受到工伤事故伤害时由工伤保险基金为其支付相应的工伤保险待遇。

第三十四条 国家根据不同行业的工伤风险程度确定行业的差别费率，并根据使用工伤保险基金、工伤发生率等情况在每个行业内确定费率档次。行业差别费率和行业内费率档次由国务院社会保险行政部门制定，报国务院批准后公布施行。

社会保险经办机构根据用人单位使用工伤保险基金、工伤发生率和所属行业费率档次等情况，确定用人单位缴费费率。

第三十五条 用人单位应当按照本单位职工工资总额，根据社会保险经办机构确定的费率缴纳工伤保险费。

★ **第三十六条** 职工因工作原因受到事故伤害或者患职业病，且经工伤认定的，享受工伤保险待遇；其中，经劳动能力鉴定丧失劳动能力的，享受伤残待遇。

工伤认定和劳动能力鉴定应当简捷、方便。

注 释

《工伤保险条例》第 14 条规定："职工有下列情形之一的，应当认定为工伤：（一）在工作时间和工作场所内，因工作原因受到事故伤害的；（二）工作时间前后在工作场所内，从事与工作有关的预备性或者收尾性工作受到事故伤害的；（三）在工作时间和工作场所内，因履行工作职责受到暴力等意外伤害的；（四）患职业病的；（五）因工外出期间，由于工作原因受到伤害或者发生事故下落不明的；（六）在上下班途中，受到非本人主要责任的交通事故或者城市轨道交通、客运轮渡、火车事故伤害的；（七）法律、行政法规规定应当认定为工伤的其他情形。"

《工伤保险条例》第 15 条规定："职工有下列情形之一的，视同工伤：（一）在工作时间和工作岗位，突发疾病死亡或者在48小时之内经抢救无效死亡的；（二）在抢险救灾等维护国家利益、公共利益活动中受到伤害的；（三）职工原在军队服役，因战、因公负伤致残，已取得革命伤残军人证，到用人单位后旧伤复发的。职工有前款第（一）项、第（二）项情形的，按照本条例的有关规定享受工伤保险待遇；职工有前款第（三）项情形的，按照本条例的有关规定享受除一次性伤残补助金以外的工伤保险待遇。"

☆☆ **第三十七条** 职工因下列情形之一导致本人在工

作中伤亡的，不认定为工伤：

（一）故意犯罪；

（二）醉酒或者吸毒；

（三）自残或者自杀；

（四）法律、行政法规规定的其他情形。

生活小案例

齐某是某保安公司的一名保安。某日晚上，齐某在公园游玩时，走在他后面的人突然大喊一声“有人抢包了！”听到喊声的齐某迅速向一个逃跑的高个男子追去，追了约150米远时将高个男子捉住并按倒在地，被按倒在地的男子掏出随身携带的尖刀刺向齐某，刺中齐某的右臂，高个男子乘机跑掉。现场群众将齐某送到医院救治，医生诊断为右臂贯通伤，住院7天，花医疗费4600余元。1个月后，高个男子被公安机关抓获归案，并以抢劫罪被检察机关批捕。高个男子姓汪，对抢夺姚某的包并刺伤齐某一事供认不讳，但没有赔偿能力。

3个月后，齐某所在的单位为齐某申请了工伤认定并被认定为工伤，齐某享受了工伤保险待遇。

齐某被认定为工伤是因为齐某的行为并不是为了自身利益，其出发点和结果都是属于维护公共利益的行为，符合《工伤保险条例》关于在抢险救灾等维护国家利益、公共利益活动中受到伤害可以认定为工伤的规定。

★★ **第三十八条** 因工伤发生的下列费用，按照国家规定从工伤保险基金中支付：

（一）治疗工伤的医疗费用和康复费用；

（二）住院伙食补助费；

（三）到统筹地区以外就医的交通食宿费；

（四）安装配置伤残辅助器具所需费用；

（五）生活不能自理的，经劳动能力鉴定委员会确认的生活护理费；

（六）一次性伤残补助金和一至四级伤残职工按月领取的伤残津贴；

（七）终止或者解除劳动合同时，应当享受的一次性医疗补助金；

（八）因工死亡的，其遗属领取的丧葬补助金、供养亲属抚恤金和因工死亡补助金；

（九）劳动能力鉴定费。

★★ **第三十九条** 因工伤发生的下列费用，按照国家规定由用人单位支付：

（一）治疗工伤期间的工资福利；

（二）五级、六级伤残职工按月领取的伤残津贴；

（三）终止或者解除劳动合同时，应当享受的一次性伤残就业补助金。

注释

五级、六级伤残，一般称为大部分丧失劳动能力，对于这类工伤职工，保留其与用人单位的劳动关系，由用人单位安排适当工作，难以安排工作的，由用人单位按月发给伤残津贴，具体标准为：五级伤残为本人工资的70%，六级伤残为本人工资的60%，并由用人单位按照规定为其缴纳应缴纳的各项社会保险费。伤残津贴实际金额低于当地最低工资标准的，由用人单位补足差额。

第四十条 工伤职工符合领取基本养老金条件的，停发伤残津贴，享受基本养老保险待遇。基本养老保险待遇低于伤残津贴的，从工伤保险基金中补足差额。

第四十一条 职工所在用人单位未依法缴纳工伤保险费，发生工伤事故的，由用人单位支付工伤保险待遇。用人单位不支付的，从工伤保险基金中先行支付。

从工伤保险基金中先行支付的工伤保险待遇应当由用人单位偿还。用人单位不偿还的，社会保险经办机构可以依照本法第六十三条的规定追偿。

第四十二条 由于第三人的原因造成工伤，第三人不支付工伤医疗费用或者无法确定第三人的，由工伤保险基金先行支付。工伤保险基金先行支付后，有权向第三人追偿。

第四十三条 工伤职工有下列情形之一的，停止享受工伤保险待遇：

（一）丧失享受待遇条件的；

（二）拒不接受劳动能力鉴定的；

（三）拒绝治疗的。

注释

提供医疗救治，帮助工伤职工恢复劳动能力、重返社会，是工伤保险制度的重要目的之一，因而职工遭受工伤事故或患职业病后，有享受工伤医疗待遇的权利，也有积极配合医疗救治的义务。如果无正当理由拒绝治疗，就有悖于工伤保险促进职业康复的宗旨。规定拒绝治疗的工伤职工不得再继续享受工伤保险待遇，是为了促使工伤职工积极医治，尽可能地恢复劳动能力，提高自己的生活质量，而不是一味地消极依靠社会救助。

第五章 失业保险

第四十四条 职工应当参加失业保险，由用人单位和职工按照国家规定共同缴纳失业保险费。

★★ **第四十五条** 失业人员符合下列条件的，从失业保险基金中领取失业保险金：

（一）失业前用人单位和本人已经缴纳失业保险费满一年的；

（二）非因本人意愿中断就业的；

（三）已经进行失业登记，并有求职要求的。

注释

一般来讲，中断就业的原因分为两种：非自愿中断就业，即失业人员不愿意中断就业，但因本人无法控制的原因而被迫中断就业；自愿中断就业，即失业人员因自愿离职而导致失业。实践中，非因本人意愿中断就业的一般是指终止劳动合同的，被用人单位解除劳动合同的，被用人单位开除、除名和辞退的，以及因用人单位用工不当而依法与用人单位解除劳动合同的。

★★ **第四十六条** 失业人员失业前用人单位和本人累计缴费满一年不足五年的，领取失业保险金的期限最长为十二个月；累计缴费满五年不足十年的，领取失业保险金的期限最长为十八个月；累计缴费十年以上的，领取失业保险金的期限最长为二十四个月。重新就业后，再次失业的，缴费时间重新计算，领取失业保险金的期限与前次失业应当领取而尚未领取的失业保险金的期限合并计算，最长不超过二十四个月。

第四十七条 失业保险金的标准，由省、自治区、直辖市人民政府确定，不得低于城市居民最低生活保障标准。

第四十八条 失业人员在领取失业保险金期间，参加职工基本医疗保险，享受基本医疗保险待遇。

失业人员应当缴纳的基本医疗保险费从失业保险基金中支付，个人不缴纳基本医疗保险费。

★★ **第四十九条** 失业人员在领取失业保险金期间死亡的，参照当地对在职职工死亡的规定，向其遗属发给一次性丧葬补助金和抚恤金。所需资金从失业保险基金中支付。

个人死亡同时符合领取基本养老保险丧葬补助金、工伤保险丧葬补助金和失业保险丧葬补助金条件的，其遗属只能选择领取其中的一项。

注释

除了失业保险规定了丧葬补助金外，基本养老保险、工伤保险也规定了丧葬补助金。在此情况下，就可能发生失业人员死亡同时符合领取基本养老保险丧葬补助金和失业保险丧葬补助金，或者同时符合领取工伤保险丧葬补助金和失业保险丧葬补助金，或者同时符合领取基本养老保险丧葬补助金、工伤保险丧葬补助金、失业保险丧葬补助金三种情形。如果允许同时领取各个险种的丧葬补助金，显然不合理。因此，不宜规定在领取失业保险金期间死亡的失业人员的遗属同时领取多个险种的丧葬补助金。如果死亡失业人员的遗属同时符合领取多个险种的丧葬补助金的条件，根据本条规定，可以通过比较，自主选择一项保险基金的丧葬补助金。

第五十条 用人单位应当及时为失业人员出具终止或者解除劳动关系的证明，并将失业人员的名单自终止或者解除劳动关系之日起十五日内告知社会保险经办机构。

失业人员应当持本单位为其出具的终止或者解除劳动关系的证明，及时到指定的公共就业服务机构办理失业登记。

失业人员凭失业登记证明和个人身份证明，到社会保险经办机构办理领取失业保险金的手续。失业保险金领取期限自办理失业登记之日起计算。

☆ **第五十一条** 失业人员在领取失业保险金期间有下列情形之一的，停止领取失业保险金，并同时停止享受其他失业保险待遇：

（一）重新就业的；

（二）应征服兵役的；

（三）移居境外的；

（四）享受基本养老保险待遇的；

（五）无正当理由，拒不接受当地人民政府指定部门或者机构介绍的适当工作或者提供的培训的。

注释

需要说明的是，违法犯罪人员因其违法犯罪行为接受惩处应当与其社会保险权益区别开来。与《失业保险条例》相比，本条不再规定“被判刑收监执行或者被劳动教养”的失业人员停止享受失业保险待遇。考虑到失业保险金是为了保障失业人员及其家属的基本生活，个人缴费就应当享受相应的待遇，所以对现行做法进行了调整。

第五十二条 职工跨统筹地区就业的，其失业保险关系随本人转移，缴费年限累计计算。

第六章 生育保险

第五十三条 职工应当参加生育保险，由用人单位按照国家规定缴纳生育保险费，职工不缴纳生育保险费。

★★ **第五十四条** 用人单位已经缴纳生育保险费的，其职工享受生育保险待遇；职工未就业配偶按照国家规定享受生育医疗费用待遇。所需资金从生育保险基金中支付。

生育保险待遇包括生育医疗费用和生育津贴。

注释

生育保险待遇主要包括两项：生育医疗费用和生育津贴。(1) 生育医疗费用包括女职工因怀孕、生育发生的检查费、接生费、手术费、住院费、药费和计划生育手术费。(2) 生育津贴是指根据国家法律、法规规定对职业妇女因生育而离开工作岗位期间，给予的生活费用。

第五十五条 生育医疗费用包括下列各项：

（一）生育的医疗费用；

（二）计划生育的医疗费用；

（三）法律、法规规定的其他项目费用。

★★ **第五十六条** 职工有下列情形之一的，可以按照国家规定享受生育津贴：

（一）女职工生育享受产假；

（二）享受计划生育手术休假；

（三）法律、法规规定的其他情形。

生育津贴按照职工所在用人单位上年度职工月平均工资计发。

注释

《人口与计划生育法》第25条规定：“符合法律、法规规定生育子女的夫妻，可以获得延长生育假的奖励或者其他福利待遇。国家支持有条件的地方设立父母育儿假。”第26条规定：“妇女怀孕、生育和哺乳期间，按照国家有关规定享受特殊劳动保护并可以获得帮助和补偿。国家保障妇女就业合法权益，为因生育影响就业的妇女提供就业服务。公民实行计划生育手术，享受国家规定的休假。”

第七章　社会保险费征缴

第五十七条　用人单位应当自成立之日起三十日内凭营业执照、登记证书或者单位印章，向当地社会保险经办机构申请办理社会保险登记。社会保险经办机构应当自收到申请之日起十五日内予以审核，发给社会保险登记证件。

用人单位的社会保险登记事项发生变更或者用人单位依法终止的，应当自变更或者终止之日起三十日内，到社会保险经办机构办理变更或者注销社会保险登记。

市场监督管理部门、民政部门和机构编制管理机关应当及时向社会保险经办机构通报用人单位的成立、终止情况，公安机关应当及时向社会保险经办机构通报个人的出生、死亡以及户口登记、迁移、注销等情况。

★★ **第五十八条** 用人单位应当自用工之日起三十日内为其职工向社会保险经办机构申请办理社会保险登记。未办理社会保险登记的，由社会保险经办机构核定其应当缴纳的社会保险费。

自愿参加社会保险的无雇工的个体工商户、未在用人单位参加社会保险的非全日制从业人员以及其他灵活就业人员，应当向社会保险经办机构申请办理社会保险登记。

国家建立全国统一的个人社会保障号码。个人社会保障号码为公民身份号码。

注释

无论是用人单位为其职工申请办理社会保险登记，还是劳动者本人申请办理社会保险登记，社会保险经办机构都应当及时审核处理，尽快发给用人单位或者劳动者社会保险登记证件。一般来说，用人单位为其职工申请办理或者劳动者本人申请办理社会保险登记15日内，社会保险经办机构应当为其办理完毕。

第五十九条 县级以上人民政府加强社会保险费的征收工作。

社会保险费实行统一征收，实施步骤和具体办法由国务院规定。

第六十条 用人单位应当自行申报、按时足额缴纳社会保险费，非因不可抗力等法定事由不得缓缴、减免。职工应当缴纳的社会保险费由用人单位代扣代缴，用人单位应当按月将缴纳社会保险费的明细情况告知本人。

无雇工的个体工商户、未在用人单位参加社会保险的非全日制从业人员以及其他灵活就业人员，可以直接向社会保险费征收机构缴纳社会保险费。

第六十一条 社会保险费征收机构应当依法按时

足额征收社会保险费，并将缴费情况定期告知用人单位和个人。

★ **第六十二条** 用人单位未按规定申报应当缴纳的社会保险费数额的，按照该单位上月缴费额的百分之一百一十确定应当缴纳数额；缴费单位补办申报手续后，由社会保险费征收机构按照规定结算。

注释

自行申报是用人单位按时足额缴纳社会保险费的基础，用人单位未按规定申报应当缴纳的社会保险费数额，将影响社会保险费的按时征缴。为了防止用人单位故意不按规定申报应当缴纳的社会保险费而逃避缴费义务，必须规定用人单位未按规定申报如何处理。

第六十三条 用人单位未按时足额缴纳社会保险费的，由社会保险费征收机构责令其限期缴纳或者补足。

用人单位逾期仍未缴纳或者补足社会保险费的，社会保险费征收机构可以向银行和其他金融机构查询其存款账户；并可以申请县级以上有关行政部门作出划拨社会保险费的决定，书面通知其开户银行或者其他金融机构划拨社会保险费。用人单位账户余额少于应当缴纳的社会保险费的，社会保险费征收机构可以要求该用人单位提供担保，签订延期缴费协议。

用人单位未足额缴纳社会保险费且未提供担保的，社会保险费征收机构可以申请人民法院扣押、查封、拍卖其价值相当于应当缴纳社会保险费的财产，以拍卖所得抵缴社会保险费。

第八章　社会保险基金

★ **第六十四条**　社会保险基金包括基本养老保险基金、基本医疗保险基金、工伤保险基金、失业保险基金和生育保险基金。除基本医疗保险基金与生育保险基金合并建账及核算外，其他各项社会保险基金按照社会保险险种分别建账，分账核算。社会保险基金执行国家统一的会计制度。

社会保险基金专款专用，任何组织和个人不得侵占或者挪用。

基本养老保险基金逐步实行全国统筹，其他社会保险基金逐步实行省级统筹，具体时间、步骤由国务院规定。

第六十五条　社会保险基金通过预算实现收支

平衡。

县级以上人民政府在社会保险基金出现支付不足时，给予补贴。

第六十六条 社会保险基金按照统筹层次设立预算。除基本医疗保险基金与生育保险基金预算合并编制外，其他社会保险基金预算按照社会保险项目分别编制。

第六十七条 社会保险基金预算、决算草案的编制、审核和批准，依照法律和国务院规定执行。

第六十八条 社会保险基金存入财政专户，具体管理办法由国务院规定。

☆☆ **第六十九条** 社会保险基金在保证安全的前提下，按照国务院规定投资运营实现保值增值。

社会保险基金不得违规投资运营，不得用于平衡其他政府预算，不得用于兴建、改建办公场所和支付人员经费、运行费用、管理费用，或者违反法律、行政法规规定挪作其他用途。

注释

社会保险基金是专项资金，专款专用，单独核算，不能与财政资金混同。政府预算中有政府公共预算、政府性基金预算、国有资本经营预算以及社会保障基金预算，各级政府都不得将社会保险基金用于平衡其他政府预算。

第七十条 社会保险经办机构应当定期向社会公布参加社会保险情况以及社会保险基金的收入、支出、结余和收益情况。

第七十一条 国家设立全国社会保障基金，由中央财政预算拨款以及国务院批准的其他方式筹集的资金构成，用于社会保障支出的补充、调剂。全国社会保障基金由全国社会保障基金管理运营机构负责管理运营，在保证安全的前提下实现保值增值。

全国社会保障基金应当定期向社会公布收支、管理和投资运营的情况。国务院财政部门、社会保险行政部门、审计机关对全国社会保障基金的收支、管理和投资运营情况实施监督。

第九章 社会保险经办

第七十二条 统筹地区设立社会保险经办机构。社会保险经办机构根据工作需要，经所在地的社会保险行政部门和机构编制管理机关批准，可以在本统筹地区设立分支机构和服务网点。

社会保险经办机构的人员经费和经办社会保险发生的基本运行费用、管理费用，由同级财政按照国家规定予以保障。

第七十三条　社会保险经办机构应当建立健全业务、财务、安全和风险管理制度。

社会保险经办机构应当按时足额支付社会保险待遇。

第七十四条　社会保险经办机构通过业务经办、统计、调查获取社会保险工作所需的数据，有关单位和个人应当及时、如实提供。

社会保险经办机构应当及时为用人单位建立档案，完整、准确地记录参加社会保险的人员、缴费等社会保险数据，妥善保管登记、申报的原始凭证和支付结算的会计凭证。

社会保险经办机构应当及时、完整、准确地记录参加社会保险的个人缴费和用人单位为其缴费，以及享受社会保险待遇等个人权益记录，定期将个人权益记录单免费寄送本人。

用人单位和个人可以免费向社会保险经办机构查询、核对其缴费和享受社会保险待遇记录，要求社会保险经办机构提供社会保险咨询等相关服务。

第七十五条　全国社会保险信息系统按照国家统一规划，由县级以上人民政府按照分级负责的原则共同建设。

第十章 社会保险监督

第七十六条 各级人民代表大会常务委员会听取和审议本级人民政府对社会保险基金的收支、管理、投资运营以及监督检查情况的专项工作报告，组织对本法实施情况的执法检查等，依法行使监督职权。

★★ **第七十七条** 县级以上人民政府社会保险行政部门应当加强对用人单位和个人遵守社会保险法律、法规情况的监督检查。

社会保险行政部门实施监督检查时，被检查的用人单位和个人应当如实提供与社会保险有关的资料，不得拒绝检查或者谎报、瞒报。

用人单位和个人遵守社会保险法律、法规的情况主要包括以下几方面：

（1）职工是否依法参加社会保险。依照本法规定，职工应当参加职工基本养老保险、职工基本医疗保险、工伤保险、失业保险和生育保险，用人单位应当在用工之日起30日内为其职工办理社会保险登记。社会保险行政部门应当加强对用人单位职工参加社会保险情况的监督检查，保障职工的社会保险权益。

（2）用人单位是否依法缴纳社会保险费。用人单位应当依照规定自行申报，按时足额缴纳社会保险费。职工应当缴纳的社会保险费由用人单位代扣代缴。社会保险行政部门应当重点对用人单位是否按时足额缴纳社会保险费进行监督检查，防止有些用人单位少缴、漏缴社会保险费，影响职工享受社会保险待遇。

（3）是否依法享受社会保险待遇。社会保险行政部门应对个人享受社会保险待遇的情况进行监督检查，对骗取社会保险待遇的，责令退回骗取的社会保险金，处骗取金额2倍以上5倍以下的罚款。

第七十八条 财政部门、审计机关按照各自职责，对社会保险基金的收支、管理和投资运营情况实施监督。

★★ **第七十九条** 社会保险行政部门对社会保险基金的收支、管理和投资运营情况进行监督检查，发现存在问题的，应当提出整改建议，依法作出处理决定或者向有关行政部门提出处理建议。社会保险基金检查结果应当定期向社会公布。

社会保险行政部门对社会保险基金实施监督检

查，有权采取下列措施：

（一）查阅、记录、复制与社会保险基金收支、管理和投资运营相关的资料，对可能被转移、隐匿或者灭失的资料予以封存；

（二）询问与调查事项有关的单位和个人，要求其对与调查事项有关的问题作出说明、提供有关证明材料；

（三）对隐匿、转移、侵占、挪用社会保险基金的行为予以制止并责令改正。

注释

社会保险基金是参保人员的保命钱，关系广大参保人员的切身利益，关系社会稳定。其中社会保险行政部门对社会保险基金的收支、管理和投资运营情况进行监督检查是社会保险基金监督的重要一环。

第八十条 统筹地区人民政府成立由用人单位代表、参保人员代表，以及工会代表、专家等组成的社会保险监督委员会，掌握、分析社会保险基金的收支、管理和投资运营情况，对社会保险工作提出咨询意见和建议，实施社会监督。

社会保险经办机构应当定期向社会保险监督委员

会汇报社会保险基金的收支、管理和投资运营情况。社会保险监督委员会可以聘请会计师事务所对社会保险基金的收支、管理和投资运营情况进行年度审计和专项审计。审计结果应当向社会公开。

社会保险监督委员会发现社会保险基金收支、管理和投资运营中存在问题的，有权提出改正建议；对社会保险经办机构及其工作人员的违法行为，有权向有关部门提出依法处理建议。

第八十一条 社会保险行政部门和其他有关行政部门、社会保险经办机构、社会保险费征收机构及其工作人员，应当依法为用人单位和个人的信息保密，不得以任何形式泄露。

第八十二条 任何组织或者个人有权对违反社会保险法律、法规的行为进行举报、投诉。

社会保险行政部门、卫生行政部门、社会保险经办机构、社会保险费征收机构和财政部门、审计机关对属于本部门、本机构职责范围的举报、投诉，应当依法处理；对不属于本部门、本机构职责范围的，应当书面通知并移交有权处理的部门、机构处理。有权处理的部门、机构应当及时处理，不得推诿。

★ **第八十三条** 用人单位或者个人认为社会保险费

征收机构的行为侵害自己合法权益的，可以依法申请行政复议或者提起行政诉讼。

用人单位或者个人对社会保险经办机构不依法办理社会保险登记、核定社会保险费、支付社会保险待遇、办理社会保险转移接续手续或者侵害其他社会保险权益的行为，可以依法申请行政复议或者提起行政诉讼。

个人与所在用人单位发生社会保险争议的，可以依法申请调解、仲裁，提起诉讼。用人单位侵害个人社会保险权益的，个人也可以要求社会保险行政部门或者社会保险费征收机构依法处理。

注释

行政诉讼是指公民、法人或者其他组织认为行政机关和行政机关工作人员的行政行为侵犯其合法权益，向人民法院提起诉讼，由人民法院运用诉讼程序解决行政争议的活动。依照行政诉讼法的规定，除法律另有规定的情况外，公民、法人或者其他组织直接向人民法院提起诉讼的，应当自知道或者应当知道作出行政行为之日起6个月内提出。对行政复议决定不服的，可以在收到复议决定书之日起15日内向人民法院提起诉讼；复议机关逾期不作决定的，申请人可以在复议期满之日起15日内向人民法院提起诉讼。

第十一章　法律责任

第八十四条　用人单位不办理社会保险登记的，由社会保险行政部门责令限期改正；逾期不改正的，对用人单位处应缴社会保险费数额一倍以上三倍以下的罚款，对其直接负责的主管人员和其他直接责任人员处五百元以上三千元以下的罚款。

第八十五条　用人单位拒不出具终止或者解除劳动关系证明的，依照《中华人民共和国劳动合同法》的规定处理。

第八十六条　用人单位未按时足额缴纳社会保险费的，由社会保险费征收机构责令限期缴纳或者补足，并自欠缴之日起，按日加收万分之五的滞纳金；逾期仍不缴纳的，由有关行政部门处欠缴数额一倍以上三倍以下的罚款。

★ **第八十七条**　社会保险经办机构以及医疗机构、药品经营单位等社会保险服务机构以欺诈、伪造证明材料或者其他手段骗取社会保险基金支出的，由社会保险行政部门责令退回骗取的社会保险金，处骗取金额二倍以上五倍以下的罚款；属于社会保险服务机构的，解除服务协议；直接负责的主管人员和其他直接责任人员有执业资格的，依法吊销其执业资格。

注释

实践中，欺诈、伪造证明材料或者其他手段较多，以骗取医疗保险待遇为例，一般包括：（1）允许非参保人以参保人名义就医的；（2）允许使用医疗保险基金支付应当由参保人自付、自费的医疗费用；（3）允许使用医疗保险个人账户基金购买保健品、化妆品及其他用品的；（4）提供虚假疾病诊断证明、病历、处方和医疗费票据等资料的；（5）向参保人提供不必要的医疗服务和过度医疗服务的；（6）转借医疗保险POS机（服务终端）给非定点单位使用或代非定点单位使用医疗保险个人账户基金进行结算等情况。

第八十八条 以欺诈、伪造证明材料或者其他手段骗取社会保险待遇的，由社会保险行政部门责令退回骗取的社会保险金，处骗取金额二倍以上五倍以下的罚款。

第八十九条 社会保险经办机构及其工作人员有下列行为之一的，由社会保险行政部门责令改正；给社会保险基金、用人单位或者个人造成损失的，依法承担赔偿责任；对直接负责的主管人员和其他直接责任人员依法给予处分：

（一）未履行社会保险法定职责的；

（二）未将社会保险基金存入财政专户的；

（三）克扣或者拒不按时支付社会保险待遇的；

（四）丢失或者篡改缴费记录、享受社会保险待遇记录等社会保险数据、个人权益记录的；

（五）有违反社会保险法律、法规的其他行为的。

第九十条 社会保险费征收机构擅自更改社会保险费缴费基数、费率，导致少收或者多收社会保险费的，由有关行政部门责令其追缴应当缴纳的社会保险费或者退还不应当缴纳的社会保险费；对直接负责的主管人员和其他直接责任人员依法给予处分。

第九十一条 违反本法规定，隐匿、转移、侵占、挪用社会保险基金或者违规投资运营的，由社会保险行政部门、财政部门、审计机关责令追回；有违法所得的，没收违法所得；对直接负责的主管人员和其他直接责任人员依法给予处分。

第九十二条 社会保险行政部门和其他有关行政部门、社会保险经办机构、社会保险费征收机构及其工作人员泄露用人单位和个人信息的，对直接负责的主管人员和其他直接责任人员依法给予处分；给用人单位或者个人造成损失的，应当承担赔偿责任。

第九十三条 国家工作人员在社会保险管理、监督工作中滥用职权、玩忽职守、徇私舞弊的，依法给予处分。

第九十四条 违反本法规定，构成犯罪的，依法追究刑事责任。

第十二章 附 则

第九十五条 进城务工的农村居民依照本法规定参加社会保险。

第九十六条 征收农村集体所有的土地，应当足额安排被征地农民的社会保险费，按照国务院规定将被征地农民纳入相应的社会保险制度。

第九十七条 外国人在中国境内就业的，参照本法规定参加社会保险。

第九十八条 本法自2011年7月1日起施行。

▶▶小测试◀◀①

1. 参加基本养老保险的个人，达到法定退休年龄时累计缴费不足15年的，不能领取基本养老金。（ ）

① 【答案】1. ×，解析：《社会保险法》第16条第2款。2. A。3. BCD。4. 累计。5. 失业登记证明；办理失业登记之日。

2. 用人单位缴纳工伤保险费的基数数额是：(　　)

A. 本单位职工工资总额

B. 本单位上一年度收益总额

C. 本单位上一年度职工平均工资数额

D. 本地区社会平均工资

3. 工伤职工停止享受工伤保险待遇的情形有：(　　)

A. 返回原岗位工作的

B. 丧失享受待遇条件的

C. 拒不接受劳动能力鉴定的

D. 拒绝治疗的

4. 个人跨统筹地区就业的，其基本医疗保险关系随本人转移，缴费年限____计算。

5. 失业人员凭____和个人身份证明，到社会保险经办机构办理领取失业保险金的手续。失业保险金领取期限自____起计算。

中华人民共和国军人保险法

（2012 年 4 月 27 日第十一届全国人民代表大会常务委员会第二十六次会议通过 2012 年 4 月 27 日中华人民共和国主席令第 56 号公布 自 2012 年 7 月 1 日起施行）

第一章 总 则

第一条 为了规范军人保险关系，维护军人合法权益，促进国防和军队建设，制定本法。

★ **第二条** 国家建立军人保险制度。

军人伤亡保险、退役养老保险、退役医疗保险和随军未就业的军人配偶保险的建立、缴费和转移接续等适用本法。

第三条 军人保险制度应当体现军人职业特点，与社会保险制度相衔接，与经济社会发展水平相适应。

国家根据社会保险制度的发展，适时补充完善军人保险制度。

第四条 国家促进军人保险事业的发展，为军人保险提供财政拨款和政策支持。

第五条 中国人民解放军军人保险主管部门负责全军的军人保险工作。国务院社会保险行政部门、财政部门和军队其他有关部门在各自职责范围内负责有关的军人保险工作。

军队后勤（联勤）机关财务部门负责承办军人保险登记、个人权益记录、军人保险待遇支付等工作。

军队后勤（联勤）机关财务部门和地方社会保险经办机构，按照各自职责办理军人保险与社会保险关系转移接续手续。

第六条 军人依法参加军人保险并享受相应的保险待遇。

军人有权查询、核对个人缴费记录和个人权益记录，要求军队后勤（联勤）机关财务部门和地方社会保险经办机构依法办理养老、医疗等保险关系转移接续手续，提供军人保险和社会保险咨询等相关服务。

第二章　军人伤亡保险

★ **第七条**　军人因战、因公死亡的，按照认定的死亡性质和相应的保险金标准，给付军人死亡保险金。

★ **第八条**　军人因战、因公、因病致残的，按照评定的残疾等级和相应的保险金标准，给付军人残疾保险金。

第九条　军人死亡和残疾的性质认定、残疾等级评定和相应的保险金标准，按照国家和军队有关规定执行。

★★ **第十条**　军人因下列情形之一死亡或者致残的，不享受军人伤亡保险待遇：

（一）故意犯罪的；

（二）醉酒或者吸毒的；

（三）自残或者自杀的；

（四）法律、行政法规和军事法规规定的其他情形。

★ **第十一条**　已经评定残疾等级的因战、因公致残的军人退出现役参加工作后旧伤复发的，依法享受相应的工伤待遇。

★ **第十二条**　军人伤亡保险所需资金由国家承担，个人不缴纳保险费。

第三章　退役养老保险

★ **第十三条**　军人退出现役参加基本养老保险的，国家给予退役养老保险补助。

第十四条　军人退役养老保险补助标准，由中国人民解放军总后勤部会同国务院有关部门，按照国家规定的基本养老保险缴费标准、军人工资水平等因素拟订，报国务院、中央军事委员会批准。

第十五条　军人入伍前已经参加基本养老保险的，由地方社会保险经办机构和军队后勤（联勤）机关财务部门办理基本养老保险关系转移接续手续。

第十六条　军人退出现役后参加职工基本养老保险的，由军队后勤（联勤）机关财务部门将军人退役养老保险关系和相应资金转入地方社会保险经办机构，地方社会保险经办机构办理相应的转移接续手续。

军人服现役年限与入伍前和退出现役后参加职工基本养老保险的缴费年限合并计算。

第十七条　军人退出现役后参加新型农村社会养老保险或者城镇居民社会养老保险的，按照国家有关规定办理转移接续手续。

第十八条 军人退出现役到公务员岗位或者参照公务员法管理的工作人员岗位的，以及现役军官、文职干部退出现役自主择业的，其养老保险办法按照国家有关规定执行。

第十九条 军人退出现役采取退休方式安置的，其养老办法按照国务院和中央军事委员会的有关规定执行。

第四章 退役医疗保险

★ **第二十条** 参加军人退役医疗保险的军官、文职干部和士官应当缴纳军人退役医疗保险费，国家按照个人缴纳的军人退役医疗保险费的同等数额给予补助。

义务兵和供给制学员不缴纳军人退役医疗保险费，国家按照规定的标准给予军人退役医疗保险补助。

第二十一条 军人退役医疗保险个人缴费标准和国家补助标准，由中国人民解放军总后勤部会同国务院有关部门，按照国家规定的缴费比例、军人工资水平等因素确定。

第二十二条 军人入伍前已经参加基本医疗保险的，由地方社会保险经办机构和军队后勤（联勤）机关财务部门办理基本医疗保险关系转移接续手续。

第二十三条 军人退出现役后参加职工基本医疗保险的，由军队后勤（联勤）机关财务部门将军人退役医疗保险关系和相应资金转入地方社会保险经办机构，地方社会保险经办机构办理相应的转移接续手续。

军人服现役年限视同职工基本医疗保险缴费年限，与入伍前和退出现役后参加职工基本医疗保险的缴费年限合并计算。

第二十四条 军人退出现役后参加新型农村合作医疗或者城镇居民基本医疗保险的，按照国家有关规定办理。

第五章 随军未就业的军人配偶保险

第二十五条 国家为随军未就业的军人配偶建立养老保险、医疗保险等。随军未就业的军人配偶参加保险，应当缴纳养老保险费和医疗保险费，国家给予相应的补助。

随军未就业的军人配偶保险个人缴费标准和国家补助标准，按照国家有关规定执行。

第二十六条 随军未就业的军人配偶随军前已经参加社会保险的，由地方社会保险经办机构和军队后勤（联勤）机关财务部门办理保险关系转移接续手续。

第二十七条 随军未就业的军人配偶实现就业或者军人退出现役时，由军队后勤（联勤）机关财务部门将其养老保险、医疗保险关系和相应资金转入地方社会保险经办机构，地方社会保险经办机构办理相应的转移接续手续。

军人配偶在随军未就业期间的养老保险、医疗保险缴费年限与其在地方参加职工基本养老保险、职工基本医疗保险的缴费年限合并计算。

第二十八条 随军未就业的军人配偶达到国家规定的退休年龄时，按照国家有关规定确定退休地，由军队后勤（联勤）机关财务部门将其养老保险关系和相应资金转入退休地社会保险经办机构，享受相应的基本养老保险待遇。

第二十九条 地方人民政府和有关部门应当为随

军未就业的军人配偶提供就业指导、培训等方面的服务。

随军未就业的军人配偶无正当理由拒不接受当地人民政府就业安置，或者无正当理由拒不接受当地人民政府指定部门、机构介绍的适当工作、提供的就业培训的，停止给予保险缴费补助。

第六章　军人保险基金

★ **第三十条**　军人保险基金包括军人伤亡保险基金、军人退役养老保险基金、军人退役医疗保险基金和随军未就业的军人配偶保险基金。各项军人保险基金按照军人保险险种分别建账，分账核算，执行军队的会计制度。

第三十一条　军人保险基金由个人缴费、中央财政负担的军人保险资金以及利息收入等资金构成。

第三十二条　军人应当缴纳的保险费，由其所在单位代扣代缴。

随军未就业的军人配偶应当缴纳的保险费，由军人所在单位代扣代缴。

第三十三条　中央财政负担的军人保险资金，由国务院财政部门纳入年度国防费预算。

第三十四条 军人保险基金按照国家和军队的预算管理制度，实行预算、决算管理。

第三十五条 军人保险基金实行专户存储，具体管理办法按照国家和军队有关规定执行。

第三十六条 军人保险基金由中国人民解放军总后勤部军人保险基金管理机构集中管理。

军人保险基金管理机构应当严格管理军人保险基金，保证基金安全。

第三十七条 军人保险基金应当专款专用，按照规定的项目、范围和标准支出，任何单位和个人不得贪污、侵占、挪用，不得变更支出项目、扩大支出范围或者改变支出标准。

第七章 保险经办与监督

第三十八条 军队后勤（联勤）机关财务部门和地方社会保险经办机构应当建立健全军人保险经办管理制度。

军队后勤（联勤）机关财务部门应当按时足额支付军人保险金。

军队后勤（联勤）机关财务部门和地方社会保险经办机构应当及时办理军人保险和社会保险关系转移接续手续。

第三十九条 军队后勤（联勤）机关财务部门应当为军人及随军未就业的军人配偶建立保险档案，及时、完整、准确地记录其个人缴费和国家补助，以及享受军人保险待遇等个人权益记录，并定期将个人权益记录单送达本人。

军队后勤（联勤）机关财务部门和地方社会保险经办机构应当为军人及随军未就业的军人配偶提供军人保险和社会保险咨询等相关服务。

第四十条 军人保险信息系统由中国人民解放军总后勤部负责统一建设。

第四十一条 中国人民解放军总后勤部财务部门和中国人民解放军审计机关按照各自职责，对军人保险基金的收支和管理情况实施监督。

第四十二条 军队后勤（联勤）机关、地方社会保险行政部门，应当对单位和个人遵守本法的情况进行监督检查。

军队后勤（联勤）机关、地方社会保险行政部门实施监督检查时，被检查单位和个人应当如实提供与军人保险有关的资料，不得拒绝检查或者谎报、瞒报。

第四十三条 军队后勤（联勤）机关财务部门和地方社会保险经办机构及其工作人员，应当依法为军队单位和军人的信息保密，不得以任何形式泄露。

第四十四条 任何单位或者个人有权对违反本法规定的行为进行举报、投诉。

军队和地方有关部门、机构对属于职责范围内的举报、投诉，应当依法处理；对不属于本部门、本机构职责范围的，应当书面通知并移交有权处理的部门、机构处理。有权处理的部门、机构应当及时处理，不得推诿。

第八章 法律责任

第四十五条 军队后勤（联勤）机关财务部门、社会保险经办机构，有下列情形之一的，由军队后勤（联勤）机关或者社会保险行政部门责令改正；对直接负责的主管人员和其他直接责任人员依法给予处分；造成损失的，依法承担赔偿责任：

（一）不按照规定建立、转移接续军人保险关系的；

（二）不按照规定收缴、上缴个人缴纳的保险费的；

（三）不按照规定给付军人保险金的；

（四）篡改或者丢失个人缴费记录等军人保险档案资料的；

（五）泄露军队单位和军人的信息的；

（六）违反规定划拨、存储军人保险基金的；

（七）有违反法律、法规损害军人保险权益的其他行为的。

第四十六条 贪污、侵占、挪用军人保险基金的，由军队后勤（联勤）机关责令限期退回，对直接负责的主管人员和其他直接责任人员依法给予处分。

第四十七条 以欺诈、伪造证明材料等手段骗取军人保险待遇的，由军队后勤（联勤）机关和社会保险行政部门责令限期退回，并依法给予处分。

第四十八条 违反本法规定，构成犯罪的，依法追究刑事责任。

第九章　附　　则

第四十九条　军人退出现役后参加失业保险的，其服现役年限视同失业保险缴费年限，与入伍前和退出现役后参加失业保险的缴费年限合并计算。

第五十条　本法关于军人保险权益和义务的规定，适用于人民武装警察；中国人民武装警察部队保险基金管理，按照中国人民武装警察部队资金管理体制执行。

第五十一条　本法自 2012 年 7 月 1 日起施行。

附录　实用图表

劳动合同的分类		
固定期限劳动合同	指用人单位与劳动者约定合同终止时间的劳动合同。	用人单位与劳动者协商一致。
无固定期限劳动合同	指用人单位与劳动者约定无确定终止时间的劳动合同。	有下列情形之一，劳动者提出或者同意续订、订立劳动合同的，除劳动者提出订立固定期限劳动合同外，应当订立无固定期限劳动合同： (1) 劳动者在该用人单位连续工作满 10 年的； (2) 用人单位初次实行劳动合同制度或者国有企业改制重新订立劳动合同时，劳动者在该用人单位连续工作满 10 年且距法定退休年龄不足 10 年的； (3) 连续订立二次固定期限劳动合同，且劳动者没有《劳动合同法》第 39 条和第 40 条第 1 项、第 2 项规定的情形，续订劳动合同的。 用人单位自用工之日起满 1 年不与劳动者订立书面劳动合同的，视为用人单位与劳动者已订立无固定期限劳动合同。

续表

以完成一定工作任务为期限的劳动合同	指用人单位与劳动者约定以某项工作的完成为合同期限的劳动合同。	用人单位与劳动者协商一致。
劳动合同的解除		
协议解除	用人单位与劳动者协商一致，可以解除劳动合同。	用人单位提出：支付经济补偿；劳动者提出：无经济补偿金。
用人单位解除	因劳动者过失解除： (1) 试用期不符合录用条件。 (2) 严重违反用人单位规章制度。 (3) 严重失职、营私舞弊，给用人单位造成重大损害。 (4) 同时与其他单位建立劳动关系，对完成本单位工作造成严重影响，或经提出，拒不改正。 (5) 以欺诈、胁迫手段或乘人之危，使对方违背真实意思订立或变更造成劳动合同无效。 (6) 被依法追究刑事责任。	可不支付经济补偿金。

续表

用人单位解除	劳动者非过失而解除（30天）： （1）患病或非因工负伤，在规定的医疗期满后不能从事原工作或另行安排的工作。 （2）不能胜任工作，经过培训或调岗，仍不胜任。 （3）客观情况发生重大变化，原劳动合同无法履行，协商不一致。 （4）企业符合规定条件，实行经济性裁员。	支付经济补偿。
用人单位不得解除	（1）从事接触职业病危害作业而未进行离岗前职业健康检查，或疑似职业病病人在诊断或者医学观察期间。 （2）在本单位患职业病或者工伤并被确认丧失或者部分丧失劳动能力。 （3）患病或非因工负伤在医疗期内。 （4）女职工在孕期、产期、哺乳期内。 （5）在单位连续工作满15年，且距法定退休年龄不足5年。 （6）法律规定的其他情形。	违反规定解除的，恢复关系或支付2倍的经济补偿。
劳动者解除	无理由的： （1）试用期内，提前3天通知单位。 （2）一般情况提前30天通知单位。	可不支付经济补偿金。
劳动者解除	用人单位过失： （1）未按约定提供劳动保护或劳动条件。 （2）未及时足额支付报酬。 （3）未缴纳社会保险费。	支付经济补偿。

续表

劳动者解除	(4) 单位的规章制度违法，损害劳动者权益。 (5) 以欺诈、胁迫手段或乘人之危，使对方违背真实意思订立或变更造成劳动合同无效。 (6) 单位自己免责，排除劳动者权利导致合同无效。 (7) 违反法律法规强制性规定导致无效合同。 (8) 以暴力、威胁或非法限制自由等强制劳动的或单位违章指挥、强令冒险作业危及人身安全。 (9) 法律、行政法规规定劳动者可以解除的其他情形。	
劳动争议的解决		
当事人的协商和解	劳动者可以与用人单位协商，也可以请工会或者第三方共同与用人单位协商，达成和解协议。	
争议处理的基本程序	(1) 当事人不愿协商、协商不成或者达成和解协议后不履行的，可以向调解组织申请调解。 (2) 不愿调解、调解不成或者达成调解协议后不履行的，可以向劳动争议仲裁委员会申请仲裁。 (3) 对仲裁裁决不服的，除法律另有规定的外，可以向人民法院提起诉讼。	

续表

社会保险法		
适用范围	国家建立基本养老保险、基本医疗保险、工伤保险、失业保险、生育保险等社会保险制度，保障公民在年老、疾病、工伤、失业、生育等情况下依法从国家和社会获得物质帮助的权利。	
缴纳主体	双缴（用人单位和职工共同缴纳）	养老、医疗、失业
	单缴（仅用人单位缴，职工不缴）	工伤、生育
竞合规则	由于第三人原因造成工伤，第三人不支付工伤医疗费用或者无法确定第三人的，由工伤保险基金先行支付。工伤保险基金先行支付后，有权向第三人追偿。	

ISBN 978-7-5216-2335-2

定价：28.00元

图书在版编目（CIP）数据

劳动与社会保障法：大字学习版／中国法制出版社编．—北京：中国法制出版社，2022.1

（法律法规大字学习版）

ISBN 978-7-5216-2335-2

Ⅰ.①劳… Ⅱ.①中… Ⅲ.①劳动法-中国②社会保障法-中国 Ⅳ.①D922.5

中国版本图书馆 CIP 数据核字（2021）第 256264 号

责任编辑：李连宇　　　　封面设计：李　宁

劳动与社会保障法：大字学习版

LAODONG YU SHEHUI BAOZHANGFA：DAZI XUEXIBAN

编者/中国法制出版社

经销/新华书店

印刷/三河市国英印务有限公司

开本/880 毫米×1230 毫米　32 开　　　　印张/ 6.5　字数/ 117 千

版次/2022 年 1 月第 1 版　　　　2022 年 1 月第 1 次印刷

中国法制出版社出版

书号 ISBN 978-7-5216-2335-2　　　　定价：28.00 元

北京市西城区西便门西里甲 16 号西便门办公区

邮政编码：100053　　　　传真：010-63141852

网址：http：//www.zgfzs.com　　　　**编辑部电话：010-63141813**

市场营销部电话：010-63141612　　　　**印务部电话：010-63141606**

（如有印装质量问题，请与本社印务部联系。）